0~36 개월

DEP

조기중재 교육과정

② 대근육 운동기술

서소정 · 장혜성 · 하지영 공저

학지사

본 DEP 조기중재 교육과정은
경기도장애인종합복지관의 연구비 지원을 받아 간행되었습니다.

저·자·서·문

장애위험 영아를 조기에 선별하는 것과, 또 장애진단을 받은 영아의 발달수준을 정확하게 파악하여 적기에 중재교육을 제공하는 것은 매우 중요한 일입니다. 그러나 현재 우리나라에서 장애위험 영아를 선별(screen) 및 평가(assess)하기 위해 사용하고 있는 대부분의 도구는 아쉽게도 외국에서 개발한 것을 그대로 번역한 경우가 많습니다. 아울러 장애위험 영아와 장애영아를 위한 조기중재 교육과정 또한 외국 프로그램을 번역한 후 일부 내용만 수정 · 보완한 것을 사용하고 있는 실정입니다. 이에 우리나라 영아에게 적합한 선별 · 교육진단 도구의 개발 및 이와 연계한 통합적 조기중재 교육과정 개발이 절실하였습니다.

본 DEP 조기중재 교육과정은 2006~2007년도 2년(Phase I)간에 걸쳐 이루어진 '영아선별 · 교육진단검사의 개발' 연구와 연계하여, 단순히 영아의 현행 발달수준을 선별 또는 평가하는 것에서 나아가 선별결과에 기초해 보다 효과적인 조기중재로 이어질 수 있도록 이후 2008~2009년도 2년(Phase II)간, 총 4년이라는 긴 연구기간을 거쳐 완성된 것입니다.

본 DEP 조기중재 교육과정은 출생에서 36개월까지를 총 8개 월령단계로 구분하여 발달의 제 영역에 관련된 교육내용을 담았으며, 크게 다음과 같이 세 가지 차원의 개발목적을 설정하였습니다. 첫째, 장애위험 영아의 객관적이고 정확한 선별검사를 통한 결과에 기초하여 통합적이고 총체적인 발달적 지원을 제공함으로써 이후 이들이 심각한 장애로 이어질 수 있는 가능성을 줄이고자 합니다. 둘째, 이미 장애진단을 받은 영아를 위해 보다 체계적이고 효과적인 조기중재 지원을 제공하고자 합니다. 즉, DEP 조기중재 교육과정은 장애영아와 장애위험 영아가 취약한 부분인 영역의 발달을 촉진할 수 있는 구체적 지침을 제공하고 있습니다. 셋째, DEP 선별검사 결과에 기초하여 영아교육 및 보육 현장과 가정에서 일반 개별 영아의 개인 내 발달영역의 강점 및 약점을 파악함으로써 보다 효과적으로 지원하고자 합니다.

본 DEP 조기중재 교육과정 개발절차는 다음과 같습니다. 1, 2차년도 영아선별 · 교육진단검사(DEP) 개발의 후속작업으로 3차년도에는 영아선별 · 교육진단검사(DEP)와 동일한 6개 영역, 344개 문항에 대해 교육과정 프로그램을 개발하였습니다. 그 후 영유아발달 및 장애영아 특수교육 관련 전문가로부터 교육과정 전반에 관한 내용타당도를 검증받았습니다. 4차년도에는 장애진단을 받지는 않았지만 장애로 발전할 위험이 있는 영아와 이미 장애진단을 받은 영아를 대상으로 하여 어린이집과 장애인복지관 담당 교사가 16주간에 걸쳐 중재 교육프로그램을 실시함으로써 DEP 조기중재 교육과정의 효과성을 검증하고, 또 수정 · 보완할 내용에 대한 자문을 하였습니다. 또한 지체장애, 청각장애, 시각장애 전문가 및 영아발달 전문가로부터 교육과정 전반에 관한 자문을 두 차례 추가로 받은 후 최종 보완하여 완성하였습니다.

본 DEP 조기중재 교육과정은 총 7권으로 매뉴얼, 대근육 운동기술, 소근육 운동기술, 의사소통, 사회정서, 인지, 기본생활 편으로 구성되어 있습니다. 그리고 전체적인 DEP 조기중재 교육과정은 목표행동 성취의 중요성, 자료, 목표행동 성취를 위한 단계적 지도과정, 일상생활에서의 지도과정, 고려사항, 목표행동 성취 기준에 관한 내용으로 구성되어 있습니다.

본 DEP 조기중재 교육과정이 개발될 수 있도록 그동안 자문을 해 주신 여러 전문가 명단(가나다순)은 다음과 같습니다. 강주희(한빛맹학교 특수교사), 김미숙(양천장애인복지관 특수교사), 김미정(다운복지관 물리치료사), 김상진(전 서울장애인복지관 작업치료사), 김수경(곡교어린이집 언어치료사), 김영란(이화여자대학교 언어병

리학 박사과정), 김은혜(강동구보육정보센터 장애아통합 순회자문교사), 김진희(강남구립 청담어린이집 교사), 명경미(한국우진학교 특수교사), 민정화(강남구보육정보센터 보육전문요원), 박경아(서울농학교 특수교사), 송영희(양천장애인복지관 특수교사), 신세희(국방부청사어린이집 교사), 안미영(강남구립 청수어린이집 교사), 유미희(다운복지관 특수교사), 이소영(이화여자대학교 특수교육과 박사과정), 이하나(강남구립 청담어린이집 교사), 전미선(강남구립 청담어린이집 교사), 정수진(군포시립 고은어린이집 교사), 정은진(한빛맹학교 특수교사), 조은숙(동광어린이집 교사), 차은정(동대문구립 이문어린이집 교사), 최은정(명장어린이집 교사), 최한나(동대문구립 이문어린이집 교사), 탁은정(한국사회서비스관리원), 황지영(강남구보육정보센터 보육전문요원) 님께 지면을 빌려 다시 한 번 감사드립니다.

마지막으로 본 검사도구 및 교육과정 개발을 위해 4년 동안 꾸준하게 연구지원을 해 주신 경기도장애인종합복지관에 깊은 감사를 드립니다. 지난 4년간 경기도장애인종합복지관의 전폭적인 지원이 없었다면 DEP 검사도구 개발은 물론 이와 연계한 교육과정 개발은 불가능했을 것입니다. DEP 조기중재 교육과정이 현장 교사와 부모에게 영아의 현행 발달수준을 손쉽게 파악하도록 도와주고, 또 개별 영아에게 적절한 조기중재 프로그램을 지원할 수 있는 기초 자료로서 유용하게 활용될 수 있기를 기대합니다.

2010년 6월

저자 일동

후·원·의·글

예방적 복지를 향한 시금석이 되기를

지난 2006년 '영아선별 · 교육진단검사의 개발 및 연구'를 시작한 이후 벌써 4년이 지났습니다. 이 연구는 영아선별 · 교육진단검사(DEP)와 검사 후 조기중재 교육과정을 연계하여서 지도하기 위한 DEP 조기중재 교육과정의 개발을 가능하게 했습니다. DEP는 발달이 지체되거나 어려움을 겪는 영아를 조기 선별하여 적절한 시기에 조기개입하여 발달을 지원할 수 있다는 측면에서 커다란 의의가 있습니다.

국내에는 장애위험 영아와 장애영아를 위한 조기중재 교육과정이나 이와 관련한 진단검사도구가 전무한 실정이어서 그동안 외국에서 개발된 도구를 사용할 수밖에 없었고, 이에 따라 한국의 사회-문화적 특성이나 욕구를 반영하지 못하는 한계가 있었습니다. 이렇게 장애영아에 대한 조기 선별이나 교육진단검사의 부재는 우리에게 너무나도 절박한 과제였습니다. 이에 저희 복지관 내에 다양한 연구과제 가운데 특별히 DEP 개발에 관한 제안서에 적극적으로 공감하여 지원을 결정하였고 이제 오랜 산고 끝에 한국형 DEP를 개발함으로써 결실을 맺게 되었습니다.

장애영아의 발달 문제는 조기 선별하고, 조기 개입과 지원을 통하여 예방하고 최소화할 수 있습니다. 한국형 DEP는 0~36개월의 영아의 다양한 움직임과 발달상태를 관찰, 평가함으로써 영아가 적절한 발달과정을 밟고 있는지, 아니면 발달이 지체되는지 등 장애 진행 여부를 평가하고 선별해 낼 수 있는 유용한 진단검사

도구입니다. 또한 같은 연령대의 영아에 비해 어느 정도 발달이 늦는지 측정이 가능하고 담당 교사나 치료사, 부모 모두에게 좋은 길잡이가 되는 진단검사도구가 될 것입니다. 나아가 영아의 발달지체를 조기에 발견하고 조기 개입 및 지원하는 것은 아동발달의 촉진만이 아니라 가족 구성원의 이해와 성장에도 많은 도움이 될 것입니다.

DEP 조기중재 교육과정을 통하여 장애 조기 발견과 개입, 지원 프로그램의 개발과 실행이 이루어져 우리 사회의 장애인 복지 증진과 발전에 조금이나마 보탬이 되었으면 합니다. 또한 DEP가 장애영아를 가진 부모님과 장애인복지관, 영유아 장애인 생활시설, 그리고 특수학교 등에서 적극적으로 활용됨으로써 더욱 적절한 개입프로그램의 개발과 참여로 예방적 복지 실현의 시금석이 되기를 바랍니다.

마지막으로 인내를 가지고 꾸준하게 DEP 조기중재 교육과정 개발을 위해 애쓰신 가톨릭대학교 특수교육과 장혜성 교수님, 경희대학교 생활과학대학 아동가족학과 서소정 교수님, 그리고 경희대학교 대학원 하지영 선생님께 거듭 감사의 마음을 전합니다. 아울러 이 책이 출판될 수 있도록 기꺼이 도움을 주신 학지사 김진환 사장님과 편집부 여러분에게도 감사를 드립니다.

2010년 6월

경기도장애인종합복지관장 최영

일러두기

◆ 부모는 DEP 검사(장혜성, 서소정, 하지영, 2008)를 통한 교육과정 지도 시 우선적인 목표행동을 찾기 어려울 수 있으므로, 목표행동을 선정할 때 반드시 전문가의 도움을 받아야 합니다.

◆ 부모가 본 교육과정을 사용할 경우에는 전문가의 도움을 받는 것이 좋습니다. 'DEP 조기중재 교육과정'은 개별 영아의 요구에 적합한 지원을 제공하기 위해서 교사나 부모가 쉽게 영아를 지도할 수 있도록 구성하였습니다.

◆ 영아발달은 6개 영역(대근육 운동기술, 소근육 운동기술, 의사소통, 사회정서, 인지, 기본생활)이 별개로 발달하는 것이 아닙니다. 따라서 영아의 특성과 각 영역별 항목의 연계를 고려하여 6개 영역의 교육과정을 함께 지도할 수 있도록 계획하는 것이 효과적입니다.

◆ 장애영아의 경우 한 가지 목표행동을 성취하는 데 시간이 많이 걸리고, 6개 영역의 발달이 고르지 않을 수 있습니다. 따라서 너무 서두르지 말고 지속적으로 지도하는 것이 필요합니다.

◆ 장애 특성에 따라 특히 성취되기 어려운 항목이 있습니다. 그런 경우에는 영아 스스로 목표행동을 이루는 데 필요한 과정과 연관된 활동/행동을 했을 때, 그 순간을 놓치지 않고 언어적 칭찬과 비언어적 칭찬(예: 웃어 주기, 머리 쓰다듬기)을 동시에 해 줍니다.

◆ 목표행동 성취를 위해서는 영아의 눈높이에 맞추어 자세를 낮추거나 신체적 접촉행동을 제공하고, 목표행동 성취를 위한 구체적 모델링 보여 주기 등을 실시합니다.

◆ 교육은 교육대상 영아가 졸린 상태이거나, 수유/이유식을 한 직후이거나, 낮잠에

서 깬 직후 등은 피하고 영아가 보다 활발하고 적극적으로 활동에 참여할 수 있는 최적의 시간을 선정하여 진행합니다.

- '목표행동 성취를 위한 단계적 지도과정'을 통해서 목표행동의 습득이 가능해지면 자연환경인 교육기관 또는 가정의 다양한 상황에서 연계하여 지도합니다. 교육활동 내용을 직접적으로 가르치려고 하거나 억지로 하지 말고 가능하면 일과 내에서 자연스럽게 지도합니다.
- 시각장애, 청각장애, 지체장애 영아의 경우는 '고려사항'을 참고하여 특히 주의하여 지도합니다.
- 한 가지 활동 안에서 가능한 한 여러 영역의 목표를 골고루 달성할 수 있는 방식으로 활동을 전개하면 좋습니다. 예를 들어, 부드러운 반투명 젤리를 사용하여 젤리의 촉감을 느끼게 함으로써 소근육 운동기술을, 젤리를 만져 본 느낌에 대해 이야기를 나눔으로써 의사소통기술을, 주양육자와 즐겁게 활동함으로써 사회정서 발달을, 먹는 젤리를 눈에 비춰 보아 색이 다르게 보이는 것을 관찰하고 먹지 못하는 다른 놀잇감을 비교하는 활동을 제시함으로써 인지발달을 지도합니다.
- 영아는 주양육자와 함께 일상생활 속에서 자연스러운 놀이활동에 참여함으로써 다양한 기술을 연습해 보는 기회를 가져야 합니다.
- 교육대상자인 영아의 흥미와 요구가 무엇인지 살펴 영아가 좋아하는 놀잇감이나 활동을 활용하여 지도할 때에 효과적인 교육이 가능합니다.
- 필요한 활동자료(예: 관련 놀잇감)를 제시할 때, 영아가 방해받지 않고 자신이 바라는 대로, 자신의 속도에 맞추어 활동자료를 충분히 탐색할 수 있도록 합니다.

차 · 례

5. 월령: 13~18개월 • 71

6. 월령: 19~24개월 • 83

01 월령: 0~3개월

1. 목표행동

바로 누운 자세에서 엎드린 자세로 구른다.

◎ 목표행동 성취의 중요성

바로 누운 자세에서 엎드린 자세로 구르기를 성취하는 것은 영아의 목과 몸통, 엉덩이의 사용 능력을 안정적으로 발달시키는 데 중요한 역할을 한다.

◎ 자료

색이 선명하고 소리가 나는 놀잇감(예: 공, 모빌, 딸랑이, 손목이나 팔목에 차는 방울, 봉제 놀잇감, 동물 놀잇감, 인형)

◎ 목표행동 성취를 위한 단계적 지도과정

step 1 주양육자는 영아를 편평한 바닥(매트나 담요가 깔린)에 바로 눕힌다.

step 2 주양육자는 누워 있는 영아의 얼굴 앞쪽에서 영아가 좋아하는 놀잇감을 보도록 흔들며 "까꿍!" 하고 주의를 집중시킨다.

step 3 영아가 놀잇감에 관심을 보이면, 주양육자는 놀잇감을 잡은 손을 천천히 위아래로 움직이며 영아의 눈이 놀잇감을 따라 움직이는지 확인한다.

step 4 주양육자는 영아가 놀잇감이 있는 방향으로 머리를 돌리면 그 방향으로 엎드린 자세가 되도록 영아의 엉덩이를 살짝 밀어 준다.

step 5 주양육자는 영아가 엎드린 자세에서 바로 누운 상태가 되도록 영아의 양다리를 잡고 몸의 무게중심을 이동시켜 구르기 연습을 반복시킨다.

◎ 일상생활에서의 지도과정

기저귀와 옷을 갈아입힐 때 주양육자는 영아의 양다리를 잡고 몸의 무게중심을 이동시켜 자연스럽게 구르기를 할 수 있도록 연습시킨다.

◎ 고려사항

영아가 구르기를 어려워하면 처음에는 옆으로 누운 자세에서 시작하고, 점차 등 쪽으로 이동해 나간다. 이 행동을 성취하는 데 충분한 시간을 주어야 한다.

뇌성마비 영아의 경우는 재활의학과 의사의 처방을 받고 병원에서 물리치료를 받도록 하며, 물리치료사와 협의하여 가정에서 영아에게 적절한 움직임을 지도하도록 한다.

시각장애 영아의 경우는 촉각적인 자극이나 소리 나는 놀잇감으로 구르기를 유도한다. 이때 영아가 소리 나는 놀잇감에 집중하더라도 영아의 눈이 놀잇감을 향하기보다 귀가 소리 나는 쪽으로 향하는 반응을 보일 수 있다.

○ 목표행동 성취기준

주양육자가 영아를 바른 자세로 뉘였을 때 영아는 스스로 돌아눕는 행동을 10회 시도 중 최소 8회 이상 할 수 있다.

2. 목표행동

줄 달린 고리를 보여 주면 고리를 따라 머리를 위아래로 움직인다.

○ 목표행동 성취의 중요성

사물에 따라 머리를 위아래로 움직이는 것은 영아의 목 가누기와 고개 들기, 방향 돌리기 또는 척추 사용 능력을 안정적으로 발달시키는 데 중요한 역할을 한다. 특히 목을 바로 세울 수 있게 되면 신체상의 변화는 물론 나아가 머리를 자유롭게 움직일 수 있게 되므로 영아의 시야는 훨씬 넓어진다.

○ 자료

줄 달린 고리(색이 선명한 것), 눈으로 좇을 수 있게 천천히 움직이는 놀잇감(영아의 눈에 초점을 맞춘 것, 적당한 거리에 달려 있는 것, 디자인이 단순하고 대비성이 강한 것, 움직임과 소리가 함께 있는 것, 손에 닿지 않는 거리에 있는 것)

○ 목표행동 성취를 위한 단계적 지도과정

step 1 주양육자는 영아를 편평한 바닥(매트나 담요가 깔린)에 바로 눕힌다.

step 2 주양육자는 누워 있는 영아에게 안정감을 주기 위해 지속적인 눈맞춤과 까꿍놀이를 시도한다.

step 3 영아가 주양육자와의 놀이에 익숙해지면 줄 달린 고리를 영아의 얼굴 위에서 흔들며 관심을 보이는지 탐색한다.

step 4 영아가 줄 달린 고리를 쳐다보면 주양육자는 영아의 시선에서 고리가 보이지 않도록 숨긴다.

step 5 다시 고리를 영아에게 보이며 천천히 위아래로 움직인다.

step 6 줄 달린 고리가 움직일 때 영아가 그것을 따라서 머리를 위아래로 움직이면 칭찬(예: 웃어 주거나 신체 접촉을 하는 등 영아가 좋아하는 언어적, 비언어적인 행동이나 표시)해 준다.

◎ 일상생활에서의 지도과정

가정에서는 영아가 좋아하는 우유병 등을 이용하여 영아의 움직임을 유도한다.

영아가 누워 있는 곳에 모빌을 달아 주어 모빌의 움직임에 따라 머리를 위아래로 움직이도록 유도한다.

◎ 고려사항

위의 지도과정이 어려울 경우 주양육자는 영아를 안고 줄 달린 고리가 움직이는 방향에 따라 영아의 몸을 움직여 시선이 따라갈 수 있도록 한다.

뇌성마비 영아의 경우는 주양육자가 영아의 고개를 손으로 잡아 위아래로 천천히 움직이게 하여 고개를 움직이는 경험을 할 수 있도록 한다.

시각장애 영아의 경우는 소리 나는 놀잇감을 제시했을 때 영아가 소리 나는 쪽으로 얼굴을 돌릴 수 있도록 신체 도움을 주고 여러 번 연습한 후 목표행동을 평가한다.

◎ 목표행동 성취기준

영아는 줄 달린 고리를 따라 머리를 위아래로 움직이는 행동을 10회 시도 중 최소 8회 이상 할 수 있다.

3. 목표행동

엎드린 자세에서 머리를 들고 고개를 돌린다.

◎ 목표행동 성취의 중요성

영아가 엎드린 상태를 유지하는 것은 목 가누기가 되어야 가능한 발달과정이며, 이는 시야를 넓히는 토대가 된다. 또한 중력에 저항하는 능력을 발달시키게 되므로 상체를 똑바로 세워서 앉고, 서고, 걸을 수 있게 하는 데 중요한 역할을 한다. 그리고 시지각의 추적과 방향 돌리기의 발달이 이루어져 고개 들기를 성취할 수 있다.

◎ 자료

수유 쿠션, 거북이 놀잇감(예: 누르면 움직이는 버튼식 놀잇감), 색이 선명하고 소리가 나는 놀잇감이나 영아가 좋아하는 놀잇감

◎ 목표행동 성취를 위한 단계적 지도과정

step 1 주양육자는 편평한 바닥(매트나 담요가 깔린)에 수유 쿠션을 놓는다.

step 2 주양육자는 수유 쿠션 위에 영아를 엎드린 자세로 눕힌다. 이때 영아의 두 손을 쿠션 위쪽으로 향하도록 하며, 가슴 부분이 수유 쿠션 중앙에 오도록 한다.

step 3 주양육자는 영아의 시야 범위 내에서 거북이 놀잇감을 왼쪽에서 오른

쪽으로 움직인다.

step 4 영아가 거북이의 이동에 따라 머리를 들고 고개를 돌리는지 살핀다.

step 5 영아가 머리를 들고 관심을 보이면 거북이 놀잇감을 영아 옆으로 이동시켜 가까운 곳에서 볼 수 있도록 한다.

◎ 일상생활에서의 지도과정

가정에서는 영아가 좋아하는 우유병 등을 이용하여 영아의 움직임을 유도한다.

주양육자와 놀이활동을 할 때 영아가 힘들어하지 않는 범위 내에서 엎드린 자세로 있도록 하고, 주양육자도 영아와 같은 높이로 엎드려서 함께 눈맞춤을 하면서 상호작용을 한다.

◎ 고려사항

뇌성마비 영아의 경우는 고개를 제대로 돌리지 못해 질식사의 위험이 있으므로 주양육자의 보호 관찰하에 엎드린 자세를 하도록 한다.

청각장애 영아의 경우는 턱이나 얼굴 부분을 만져 주며 놀잇감이나 우유병에 주의집중하도록 한 후 고개 돌리기를 유도한다.

시각장애 영아의 경우는 평가 이전에 영아가 목표행동을 습득할 수 있도록 주양육자가 적절한 신체 도움을 주고 엎드린 자세에서 머리 들기 행동을 익히게 한 후 평가한다.

◎ 목표행동 성취기준

영아는 엎드린 자세에서 스스로 머리를 들고 고개를 돌리는 행동을 10회 시도 중 최소 8회 이상 할 수 있다.

4. 목표행동

다리를 번갈아 가면서 차거나 동시에 활기차게 찬다.

◎ 목표행동 성취의 중요성

영아가 다리 힘을 기르는 것은 몸통과 척추, 다리근육을 안정적으로 발달시키는 과정이며, 이는 서고 걷는 데 중요한 역할을 한다.

◎ 자료

색이 선명하고 밝은 영아용 양말, 손목이나 발목에 차는 방울, 아기 체육관(영아가 누워서 매달려 있는 고리를 만져 보거나 발로 차 볼 수 있게 설치된 놀잇감)

◎ 목표행동 성취를 위한 단계적 지도과정

step 1 주양육자는 영아를 편평한 바닥(매트나 담요가 깔린)에 바로 눕힌다.

step 2 양말에 방울을 달아서 준비한 뒤 영아의 발에 신기기 전에 먼저 영아의 눈높이에서 양말을 흔든다.

step 3 영아가 관심을 보이면 방울이 달린 양말을 위, 옆, 아래로 움직인다.

step 4 영아가 방울에 집중하면 영아의 발에 양말을 신긴다.

step 5 주양육자는 영아의 발을 잡고 번갈아 차 주면서 영아가 소리 나는 것을 들을 수 있도록 한다.

step 6 영아가 익숙해지면 이번에는 주양육자가 영아의 두 발목 밑에 양 손바닥을 대고 손바닥 위에 있는 영아의 발을 번갈아 가며 위로 쳐 준다.

step 7 주양육자는 영아의 발을 놓은 후 영아가 스스로 발을 올리려는 동작을 조금이라도 보이면 큰 소리로 박수를 치며 "○○야, 너무 잘한다." 라고 칭찬해 주며, 동시에 영아의 발을 잡아 번갈아 가면서 소리를 들을 수 있도록 해 준다.

◎ 일상생활에서의 지도과정

가정이나 교육기관에서 주양육자는 영아가 낮잠을 자고 난 후에 영아의 발목을 잡고 양쪽 다리를 번갈아 가면서 무릎을 구부려 마치 자전거를 타듯이 움직여 준다. 이때 자전거 노래('따르릉 따르릉 비켜나세요')를 함께 불러 준다. 발차기가 익숙해지면 아기 체육관 밑에 영아를 눕히고 영아가 체육관에 달려 있는 여러 가지 모양의 고리를 발로 차 보게 한다.

◎ 고려사항

영아가 한쪽 발만 찬다면 차지 않는 쪽의 발에만 방울을 달아 준다.

청각장애 영아의 경우는 색이 선명하고 소리 나는 물체(예: 콩, 마카로니, 구슬)를 넣은 통을 발에 장식으로 달아 주어 영아가 흥미를 가지고 발로 차면서 소리 자극을 스스로 즐길 수 있게 해 준다. 또한 장애 영아의 다리 차기 능력을 고려하여 영아가 성공감을 맛볼 수 있도록 장식물의 높이를 조절해 준다.

시각장애 영아의 경우는 발에 방울이 달린 양말을 신겨 주고 주양육자가 영아의 발을 흔들어 영아가 자기 발의 움직임과 방울 소리 간의 관계를 인식하도록 한 후 목표행동을 평가한다.

◎ 목표행동 성취기준

영아는 스스로 다리를 번갈아 가며 혹은 동시에 차는 행동을 10회 시도 중 최소 8회 이상 할 수 있다.

5. 목표행동

엎드려 놓았을 때 가까스로 바로 돌아눕는다.

◎ 목표행동 성취의 중요성

영아가 엎드린 자세에서 바로 돌아눕는 것은 머리와 상체를 앞으로 들고 허리 힘과 체중 이동이 갖추어져 상체를 바닥에서 일으켜 세울 수 있어야 가능한 발달 과정이며, 이는 중력에 저항하는 능력을 발달시켜 상체를 똑바로 세워서 앉고, 서고, 걸을 수 있게 하는 데 중요한 역할을 한다.

◎ 자료

색이 선명하고 소리가 나는 놀잇감(예: 딸랑이), 영아용 이불

◎ 목표행동 성취를 위한 단계적 지도과정

step 1 주양육자는 영아를 편평한 바닥(매트나 담요가 깔린)에 엎드린 자세로 눕히고 두 손으로 바닥을 받쳐 주는데, 이때 영아가 푸시업 자세로 있게 한다.

step 2 주양육자는 영아의 머리맡에서 딸랑이 소리를 들려주다가 옆쪽에 딸랑이를 놓아 둔다.

step 3 영아가 딸랑이를 찾기 위해 두리번거리다 딸랑이를 찾으면 주양육자는 다시 딸랑이 소리를 들려준다.

step 4 영아가 딸랑이에 관심을 보이면 주양육자는 영아의 머리 위에서 딸랑이를 흔든다.

step 5 영아가 딸랑이를 보기 위해 몸을 바동거리면 주양육자는 영아의 두 발을 잡아 주어 바로 돌아누울 수 있도록 체중을 이동시켜 준다.

◎ 일상생활에서의 지도과정

양육자 두 명이 마주 보고 앉아서 이불의 양 끝을 잡는다. 이때 이불 위에 영아를 엎드린 자세로 둔 후 양육자 중 한 사람이 이불의 한쪽을 위로 살짝 올리면서 영아가 옆으로 굴러서 바로 돌아눕도록 연습시킨다. 영아가 바로 누우면 반대쪽에서 다른 양육자가 이불을 위로 올려 다시 돌아눕는 연습을 반복해서 도와준다.

◎ 고려사항

이와 같은 활동을 할 때에는 머리를 최대한 보호해 주어야 한다. 뒤집는 과정에서 바닥에 머리를 부딪히는 경우가 많으므로 바닥에 충격을 흡수하는 매트나 쿠션을 깔아 주어야 한다.

뇌성마비 영아의 경우는 머리를 다치는 경우가 특히 많으므로 이 방법을 시도하지 않는다.

◎ 목표행동 성취기준

영아는 스스로 엎드린 상태에서 가까스로 바로 돌아눕는 행동을 10회 시도 중 최소 8회 이상 할 수 있다.

6. 목표행동

안겼을 때 머리를 똑바로 든다.

◎ 목표행동 성취의 중요성

머리를 똑바로 드는 것은 목과 등의 근육발달이 이루어져야 가능한 발달과정이다. 처음 머리 들기를 배우고 난 뒤 어깨를 들어 올리고, 그다음에는 몸통을 들어 올려야 결국에는 도움 없이도 혼자 앉을 수 있게 된다. 머리를 들 수 있게 되면 시야가 넓어진다.

◎ 자료

모빌(영아가 좋아하는 인형이나 놀잇감이 매달려 있는 것)

◎ 목표행동 성취를 위한 단계적 지도과정

- step 1 주양육자는 한 손은 영아의 엉덩이를, 또 한 손은 머리를 받쳐 주어 영아의 머리가 주양육자의 어깨 정도까지 오도록 안는다.
- step 2 주양육자는 영아의 목 부분을 잡은 손을 떼고 어깨를 잡는다.
- step 3 주양육자는 영아의 눈높이에 모빌의 높이를 맞춘다.
- step 4 주양육자는 영아를 안아 모빌 가까이로 자리를 이동한다.
- step 5 영아가 모빌에 관심을 가지면 주양육자는 천천히 자리를 옆으로 이동한다.
- step 6 영아가 모빌 쪽으로 고개를 돌리면 주양육자는 다시 모빌 가까이로 이동하고 이를 반복한다.

◎ 일상생활에서의 지도과정

주양육자는 가정이나 교육기관에서 영아를 안고 보육실 여기저기를 천천히 돌아다니면서 영아가 볼 수 있는 것에 대해 이야기를 하며 등을 두드려 준다.

거울 앞에서 주양육자는 영아를 안고 영아의 얼굴을 탐색하는 활동을 하면서 자연스럽게 영아가 머리를 들 수 있도록 한다.

◎ 고려사항

영아를 안을 때 주양육자가 두 손을 영아의 겨드랑이 속에 넣어 안는 경우 목 가누기가 어려운 영아는 다칠 수 있으므로 유의한다.

목 가누기가 힘든 뇌성마비 영아의 경우는 등 뒤에서 안아 주어 영아가 등을 기대고 앉아 고개를 뒤로 기대는 경험을 할 수 있도록 한다.

시각장애 영아의 경우는 목 가누기 행동을 성취하도록 돕기 위해 앉은 자세로 우유를 먹게 하는 방법을 활용할 수 있다. 이때 주양육자는 수유 쿠션 등을 사용하여 적절하게 영아의 몸을 지지해 주어 영아가 다치지 않도록 주의한다.

◎ 목표행동 성취기준

주양육자에게 안겼을 때 영아는 스스로 머리를 드는 행동을 10회 시도 중 최소 8회 이상 할 수 있다.

02 월령: 4~6개월

1. 목표행동

엎드린 자세에서 20초 이상 머리를 든다.

◎ 목표행동 성취의 중요성

엎드린 자세에서 머리 들기를 유지하는 것은 팔꿈치로 체중을 지지하고 상체를 들어 올리기 위한 지구력과 근력이 갖추어져야 가능한 발달과정이다. 이는 중력에 저항하는 능력을 발달시켜 상체를 똑바로 세워서 앉고, 서고, 걸을 수 있게 되는 데 중요한 역할을 한다.

◎ 자료

색이 선명하고 소리가 나는 놀잇감(예: 딸랑이, 만지면 비닐의 바스락거리는 소리가 나는 놀잇감)이나 영아가 좋아하는 놀잇감

◎ 목표행동 성취를 위한 단계적 지도과정

step 1 주양육자는 영아를 편평한 바닥(매트나 담요가 깔린)에 엎드린 자세로 눕히고 두 손으로 바닥을 받쳐 주는데, 이때 푸시업 자세로 있게 한다.

step 2 주양육자는 영아의 시야 범위 안에 영아가 좋아하는 놀잇감을 분산시켜 놓는다.

step 3 주양육자는 놀잇감을 흔들며 영아가 관심을 가지도록 유도한다.

step 4 주양육자는 영아가 놀잇감을 향해 손을 뻗으려고 하면 칭찬해 준다.

step 5 주양육자는 영아가 놀잇감에 지속적으로 관심을 가지도록 놀잇감을 들고 "○○야, 우리 같이 놀래?" "정말 착하구나!" 하며 이야기하기를 시도한다.

◎ 일상생활에서의 지도과정

주양육자는 영아의 몸통을 두 손으로 잡아 배 위에 앉혀 놓고 영아가 주양육자를 쳐다보도록 노래를 하거나 얼르면서 영아의 머리 드는 행동을 자연스럽게 반복적으로 유도한다.

◎ 고려사항

너무 작은 놀잇감을 놓아 두면 영아의 입으로 들어갈 수 있으므로 3cm 이상의 놀잇감을 준비한다.

팔꿈치 지지가 어려운 뇌성마비 영아의 경우는 큰 공이나 둥근기둥 모양의 통에 엎드려 머리를 바닥에 닿게 한다. 이때 머리가 갑자기 바닥으로 떨어질 위험이 있으므로 영아의 머리 쪽에 부드러운 매트를 깔아 준다. 주양육자가 영아의 팔꿈치 부위를 손바닥으로 감싸듯이 받쳐 주고 고개를 들도록 한다. 영아의 목이나 팔등이 뻣뻣해지면 잠시 쉬었다가 다시 한다.

시각장애 영아의 경우는 소리 나는 모빌이나 놀잇감을 활용하여 영아의 머리 위쪽에서 소리를 들려줌으로써 영아가 머리를 드는 반응을 하도록 유도한다.

◎ 목표행동 성취기준

영아는 엎드린 자세에서 스스로 20초 이상 머리를 드는 행동을 10회 시도 중 최소 8회 이상 할 수 있다.

2. 목표행동

바로 누운 상태에서 엎드렸다가 다시 돌아눕는다.

◎ 목표행동 성취의 중요성

돌아눕는 것은 몸통과 척추가 발달해야만 가능한 행동이며, 영아의 모든 대근육 움직임은 영아가 서고 걷는 데 기초 과정으로서 중요한 역할을 한다.

◎ 자료

색이 선명하고 소리가 나는 놀잇감(예: 스폰지 공, 애벌레 인형, 만지면 비닐의 바스락거리는 소리가 나는 놀잇감)이나 영아가 좋아하는 놀잇감

◎ 목표행동 성취를 위한 단계적 지도과정

step 1 주양육자는 영아를 편평한 바닥(매트나 담요가 깔린)에 바로 눕힌다.

step 2 주양육자는 누워 있는 영아의 얼굴 앞쪽에서 영아가 애벌레 인형이나 스폰지 공을 보도록 한 후 바닥에 놓는다.

step 3 주양육자는 영아가 인형을 잡고 충분히 놀이를 할 수 있도록 한다.

step 4 주양육자는 영아가 가지고 놀이를 하는 인형을 빼앗아 영아 머리 위쪽 바닥에 놓는다.

step 5 주양육자는 영아가 옆으로 엎드린 후 다시 인형을 잡고 놀이를 할 수 있도록 한다.

step 6 영아가 엎드린 채 인형을 가지고 놀이를 하면 주양육자는 다시 인형을 빼앗아 머리 위로 이동시키며 "○○야, 이거 봐라! 여기 있네." 하며 영아의 관심을 유지시킨다.

step 7 영아가 다시 돌아누워 인형을 만지면 주양육자는 큰 소리로 "○○야, 여기 있네!"라고 말하며 칭찬을 한다.

◎ 일상생활에서의 지도과정

가정에서는 기저귀 갈 때, 목욕 후 누워서 옷 갈아입힐 때 영아가 좋아하는 우유병 등을 이용하여 움직임을 유도한다.

주양육자는 부드러운 매트나 이불 위의 끝 쪽에 영아를 바로 눕히고 매트의 양 끝을 두 손으로 잡아 위로 올리면서 영아가 부드럽게 옆으로 돌아누울 수 있도록 한다. 영아가 엎드린 자세로 있게 되면 다시 매트를 잡고 영아를 바로 눕힐 수 있도록 매트를 위로 잡아 올리며 놀이를 유도한다. 주양육자는 영아가 옆으로 굴러서 바로 누울 때 "○○야, 여기 있었구나!" 하며 놀이에 흥미를 가질 수 있도록 유도한다.

◎ 고려사항

이러한 목표행동을 성취하는 데 충분한 시간을 주어야 하며, 누운 상태에서 방향 회전을 할 때 어려움을 보이면 영아의 양다리를 교차하여 놓은 후 주양육자는 윗다리가 돌아가는 방향 쪽으로 영아를 살짝 밀어 준다.

뇌성마비 영아의 경우는 고개가 바깥쪽으로 떨어져 다치지 않도록 특히 주의한다.

시각장애 영아의 경우는 바로 누운 영아의 왼쪽에 소리 나는 놀잇감을 제공하되 영아가 가지고 노는 놀잇감을 잠시 시야에서 벗어나게 하고 소리 자극만을 제공함으로써 영아가 돌아누워 놀잇감을 찾아 놀이할 수 있도록 유도한다.

◎ 목표행동 성취기준

영아는 스스로 바로 누운 자세에서 엎드렸다가 다시 돌아눕는 행동을 10회 시도 중 최소 8회 이상 할 수 있다.

3. 목표행동

최소 5분 정도 베개나 이불 등에 기대어 앉는다.

◎ 목표행동 성취의 중요성

기대어 앉기는 근력과 균형을 모두 포함하는 운동기술이며, 또한 인지와 사회발달을 촉진시키는 데 있어서도 중요하다. 앉아 있는 능력은 영아에게 주변 세상에 관한 폭넓은 관점, 사물 조작에 대한 여러 가지 경험 및 사회적 상호작용 기회를 제공해 준다. 보조도구 없이 고개를 가누며 자유롭게 움직이고, 양손을 사용하며 자유롭게 놀이를 할 수 있다면, 영아는 앉을 수 있다는 것만으로도 많은 기능을 습득하게 된다.

◎ 자료

베개나 이불(또는 수유 쿠션), 색이 선명하고 소리가 나는 놀잇감이나 영아가 좋아하는 놀잇감

◎ 목표행동 성취를 위한 단계적 지도과정

step 1 주양육자는 영아를 앉힐 바닥 주위에 베개나 이불을 높이 쌓는다.

step 2 주양육자는 베개 앞에 영아를 앉히고 영아의 엉덩이 약간 위쪽을 지지해 준다.

step 3 주양육자는 영아와 놀잇감을 주고받으며 영아가 관심을 집중하도록 유도한다.

step 4 주양육자는 영아의 눈높이에 모빌을 두어서 손을 뻗을 수 있게 한다.

step 5 영아가 스스로 기대어 앉는 것을 어려워하면 주양육자는 자신의 다리 사이에 영아를 앉힌 후 지도할 수 있는데 이때는 영아의 등을 지지해 줄 수 있으므로 안정적인 지도가 가능하다.

◎ 일상생활에서의 지도과정

영아가 기능적으로 잘 앉아 있는지를 관찰하기 위해 식사 시간 등 다른 일상 활동을 살펴본다.

주양육자가 무릎을 세우고 등을 벽에 기대고 앉아 배 위에 영아를 마주 보며 앉힌 후 놀잇감 등을 이용해 지속적으로 앉아 있을 수 있도록 유도한다.

◎ 고려사항

영아는 등을 기대고 앉아 있다가 한순간에 옆으로 쓰러져 다칠 수 있으므로 주위에 쿠션이나 베개를 놓는 등의 안전장치를 해 둔다.

허리 힘이 약한 뇌성마비 영아의 경우는 앞으로 넘어지거나 척추측만이 올 수

있으므로 재활의학 전문가의 조언을 구한 뒤에 실시하도록 한다.

◎ 목표행동 성취기준

영아는 한 번 할 때마다 5분 이상 등을 기댄 후 몸통을 바로 세워 앉아 있는 행동을 10회 시도 중 최소 8회 이상 할 수 있다.

4. 목표행동

발을 볼 수 있을 만큼 다리를 들어 올린다.

◎ 목표행동 성취의 중요성

다리를 들어 올려 발을 보는 것은 자신의 다리를 인식하고 엉덩이 관절의 구부리기 능력을 발달시킨다. 또한 체중을 지지하며 중력에 저항하는 능력을 발달시켜 상체를 세워 앉고 서고 걸을 수 있게 하는 데 중요한 역할을 한다.

◎ 자료

색이 선명하고 밝은 영아용 양말, 영아가 좋아하는 장식, 손이나 발목에 차는 방울

◎ 목표행동 성취를 위한 단계적 지도과정

step 1 주양육자는 영아를 편평한 바닥(매트나 담요가 깔린)에 바로 눕힌다.

step 2 주양육자는 영아의 두 다리를 잡고 영아의 얼굴까지 들어 올린다.

step 3 주양육자는 영아가 자신의 발에 관심을 가질 수 있도록 발을 만지고, 보고, 입에 넣는 등의 활동을 유도한다.

step 4 주양육자는 영아에게 방울이 달린 양말을 보이며 소리를 내 보는 등 영아가 관심을 가질 수 있도록 한다.

step 5 영아가 양말에 달린 방울에 손을 뻗치면 주양육자는 영아에게 양말을 건네며 "○○야, 이렇게 흔들면 소리가 나요!" 하며 양말을 잡은 영아의 손을 함께 잡고 흔들어 소리를 내 본다.

step 6 주양육자는 영아의 발에 양말을 신기며 영아의 다리를 흔들어 준다.

step 7 주양육자는 영아의 다리를 손으로 올려서 보여 주며 발에 방울이 달린 것을 인지할 수 있도록 한다.

step 8 주양육자는 영아가 관심을 보이면 영아의 다리를 내려놓는다.

◎ 일상생활에서의 지도과정

하루에 5~6회 정도(수유 시간 최소 30분 이후나 낮잠 자고 난 후 활기찰 때) 노래나 게임을 고안해 위와 같은 행동을 반복한다. 기저귀 갈 때나 옷 갈아입힐 때, 양말을 신기기 위해 바닥에 눕혔을 때 주양육자는 영아의 다리를 들어 영아의 몸 쪽으로 스트레칭 운동을 해 준다.

◎ 고려사항

불수의운동성이나 경직성을 보이는 뇌성마비 영아의 경우는 신체 이완 동작이 필요하며, 신체가 충분히 준비되지 않았을 때에는 다리를 드는 행동을 억지로 하지 않도록 한다.

청각장애 영아의 경우는 선명한 색의 장식물을 양말에 달아 활동을 유도한다.

시각장애 영아의 경우는 영아의 발에 방울 달린 양말을 신기고 주양육자가 영아의 발을 높이 들어 영아가 자신의 발 움직임과 방울소리를 인식하도록 한 후 목표행동을 평가한다.

◎ 목표행동 성취기준

영아는 스스로 다리를 볼 수 있을 만큼 발을 들어 올리는 행동을 10회 시도 중 최소 8회 이상 할 수 있다.

5. 목표행동

배를 바닥에 대고 움직인다(배밀이를 한다).

◎ 목표행동 성취의 중요성

배밀이를 하는 것은 몸통과 척추, 양손과 양다리의 근육이 발달되어야만 가능한 발달과정이며, 이는 양손 짚기, 뒤로 밀기, 체중을 옆이나 앞으로 이동하는 능력을 키운다.

◎ 자료

미끄러운 바닥, 색이 선명하고 소리가 나는 놀잇감이나 영아가 좋아하는 놀잇감

◎ 목표행동 성취를 위한 단계적 지도과정

step 1 주양육자는 영아의 양말은 벗기고 옷은 입혀 놓는다.

step 2 주양육자는 영아가 바닥에 두 손을 짚고 엎드린 자세로 있게 한 후 그 앞에서 놀잇감을 흔들어 보인다.

step 3 영아가 놀잇감을 쳐다보며 잡으려고 하면 주양육자는 영아가 손을 뻗어 잡을 수 있는 거리보다 10cm 앞에 놀잇감을 놓는다.

step 4 영아가 배밀이를 하며 앞으로 가서 놀잇감을 잡을 수 있도록 유도한다.

step 5 영아가 앞으로 가지 못하면 주양육자는 발바닥을 살짝 밀어 주어 앞으로 가도록 도와준다.

step 6 영아가 놀잇감을 잡기 위해 기어서 잘 가면 주양육자는 놀잇감과 영아와의 거리를 점차 멀게 하여 영아가 앞으로 가며 계속 배밀이 동작을 연습할 수 있도록 유도한다.

◎ 일상생활에서의 지도과정

가정에서 영아와 놀이를 할 때에는 매트 위에 영아를 엎드리게 한 후 주양육자는 영아의 발 밑에서 두 발을 잡고 한 발씩 위로 올리며, 배밀이 동작을 연습시킨다. 기저귀 갈 때나 옷을 갈아입힐 때에도 배밀이 연습을 지도한다.

◎ 고려사항

배밀이로 이동할 때 바닥 주위에 널려 있던 작은 물건들이 영아 입으로 들어갈 수 있으므로 바닥은 깨끗하게 치워 두며, 날카로운 모서리는 덮어 둔다.

목 가누기가 어려운 뇌성마비 영아의 경우는 배밀이가 어려울 수 있고, 또 배밀이를 한다 하더라도 고개를 다치기가 쉬우므로 항상 안전에 주의한다.

시각장애 영아의 경우는 좋아하는 놀잇감, 소리 나는 놀잇감을 사용하여 영아가 엎드려 있는 자세에서 팔을 뻗으면 잡을 수 있는 범위 안에 놀잇감을 놓고 소리 자극을 제공함으로써 영아가 손으로 놀잇감을 찾아 놀이하는 경험을 제공한다. 점차 놀잇감과 영아의 거리를 멀게 해서 영아가 놀잇감을 찾기 위해 몸을 자극하도록 한다.

◎ 목표행동 성취기준

영아는 스스로 배를 바닥에 대고 기어가서 자신이 원하는 물건을 잡는 행동을 10회 시도 중 최소 8회 이상 할 수 있다.

6. 목표행동

손과 무릎을 바닥에 대고 몸을 일으켜 기는 자세를 취한다.

◎ 목표행동 성취의 중요성

신체 부위를 지지하여 기는 자세를 취하는 것은 손과 무릎에 가해지는 체중을 조절하여 옆이나 앞으로 이동하는 능력을 키운다. 또한 몸을 일으켜 기는 자세는 이동 능력을 더욱 향상시켜 시지각 추적 범위를 넓혀 주므로 영아가 다양한 환경에 적응하며 자신의 욕구 해결을 스스로 성취할 수 있도록 한다.

◎ 자료

색이 선명하고 소리가 나는 놀잇감이나 영아가 좋아하는 놀잇감, 굴림통(예: 푹신한 타원형 모양의 베개)

◎ 목표행동 성취를 위한 단계적 지도과정

step 1 주양육자는 타원형 베개 위에 영아를 엎드려 놓는데, 이때 영아의 양 손과 무릎 사이에 베개를 놓는다.

step 2 주양육자는 영아가 엎드린 자세를 유지할 수 있도록 놀잇감을 흔들어 준다.

step 3 주양육자는 위의 자세에서 굴림통(타원형 베개)을 조금씩 앞뒤로 흔들어 준다.

step 4 주양육자는 영아가 손과 무릎을 바닥에 댄 상태로 기는 자세로 움직이면 칭찬해 준다.

◎ 일상생활에서의 지도과정

주양육자는 바닥에 앉아 다리를 뻗은 후 영아와 마주 본 상태에서 영아의 가슴이 주양육자의 다리 위에 걸치게 한다. 이때 영아의 어깨를 잡아 주어 영아가 양팔로 바닥을 지지하고 무릎이 바닥에 닿은 자세를 취하게 한다. 주양육자는 영아가 관심을 가질 수 있도록 놀잇감을 흔들며 그 자세를 유지한 상태에서 자신의 다리를 앞뒤로 움직여 본다.

◎ 고려사항

몸을 일으켜 기는 자세는 무릎을 이용하는 것으로서 오랜 시간 연습을 하면 영아가 힘들어할 수 있으므로 놀이를 할 때 주의한다. '악어떼'와 같은 노래를 들려주면서 주양육자도 영아와 함께 기는 동작을 해 주어 활발한 놀이활동 분위기를

조성한다.

뇌성마비 영아의 경우는 이 자세를 취하는 데 어려움이 있으므로 물리치료사와 협의하여 적절한 운동을 하도록 한다. 만일 이 자세가 가능한 영아라면 목과 등을 똑바르게 펴고 손바닥으로 바닥을 짚을 수 있는지 살펴본 후 영아가 주먹을 쥐고 이동한다면 손을 펴고 기는 연습을 하게 한다.

◎ 목표행동 성취기준

영아는 손과 무릎을 대고 몸을 일으켜 기는 자세를 취하는 행동을 10회 시도 중 최소 8회 이상 할 수 있다.

7. 목표행동

서도록 도와주었을 때, 발바닥의 대부분을 바닥에 댄다.

◎ 목표행동 성취의 중요성

영아를 세웠을 때 균형감을 가지는 것은 몸의 안정감을 유지하는 능력으로 볼 수 있다. 이러한 균형감을 유지시키는 데는 발바닥 전체에 체중을 싣는 능력이 중요한 역할을 한다.

◎ 자료

영아가 좋아하는 놀잇감, 영아용 낮은 의자

◎ 목표행동 성취를 위한 단계적 지도과정

step 1 주양육자는 영아가 좋아하는 놀잇감을 올려놓을 수 있는 영아용 낮은 의자를 준비한다.

step 2 주양육자는 영아의 뒤에 앉아서 허리 부분을 안전하게 잡아 영아를 의자 앞에 세운다.

step 3 주양육자는 영아가 발바닥의 대부분을 바닥에 대고 서 있는 동안 평소 관심 있는 놀잇감을 가지고 놀도록 격려한다.

step 4 영아가 놀잇감에 관심을 보이지 않으면 주양육자는 의자에 앉고 영아는 주양육자의 다리 사이에 세워 놓는다.

◎ 일상생활에서의 지도과정

무거운 서랍장이 있다면 살짝 서랍을 열어 두고 그 안에 놀잇감을 넣어 둔다. 그리고 영아가 서랍장 모서리에 손을 올려놓고 몸을 지지하도록 하며, 발바닥의 대부분을 바닥에 대고 서도록 뒤에서 엉덩이를 잡아 준다. 주양육자는 "○○야, 놀잇감 어디 있어? 저기 있네." 하며 영아가 바닥에 서 있는 동안 놀잇감이 있는 곳에 관심을 집중할 수 있도록 한다.

◎ 고려사항

영아가 발바닥을 평평하게 유지하고 무릎은 바깥으로 향하게 보조해 주며, 영아가 가구를 붙잡고 서 있는 동안 넘어질 수 있으므로 주양육자는 안전에 유의한다.

영아의 안전을 위하여 가구 및 위험한 물품의 모서리에 모서리 방지 쿠션을 붙여 주는 것이 좋다.

영아의 건강 상태나 장애에 따른 신체발달 정도를 고려하여 무리하게 활동을 유도하지 않도록 유의한다.

뇌성마비 영아의 경우는 이 시기에 대부분 발바닥 전체를 바닥에 대고 서기 힘들어하는데, 설 준비가 되지 않은 상태에서 억지로 세우면 영아의 발목 관절에 이상이 생길 수 있으므로 재활의학과 의사나 물리치료사와 협의하여 연습을 하도록 한다.

시각장애 영아의 경우는 선 자세로 의자나 탁자 위에 있는 놀잇감(영아가 좋아하는 놀잇감, 소리 나는 놀잇감)을 가지고 놀 수 있도록 주양육자가 신체 도움을 주어 여러 차례 실시하도록 한다.

◎ 목표행동 성취기준

영아는 주양육자가 도와주었을 때 발바닥 전체를 바닥에 대고 서 있는 행동을 10회 시도 중 최소 8회 이상 할 수 있다.

03 월령: 7~9개월

1. 목표행동

손으로 짚지 않고 10분 이상 동안 똑바로 앉아 있는다.

◎ 목표행동 성취의 중요성

손으로 짚지 않고 앉기는 근력과 균형을 모두 포함하는 운동기술이며, 목과 팔의 힘 및 몸통 가누기 능력을 향상시킨다. 또한 인지와 사회 발달을 촉진시키는 데 있어 중요한 자세다. 앉아 있는 능력은 영아에게 주변 세상에 대한 폭넓은 관점, 사물 조작에 대한 여러 가지 경험 및 사회적 상호작용 기회를 제공해 준다.

◎ 자료

영아가 좋아하는 놀잇감, 낮은 높이(30cm)의 푹신한 영아용 의자, 베개, 목욕대야

◎ 목표행동 성취를 위한 단계적 지도과정

step 1 주양육자는 단단하고 편평한 바닥에 낮은 높이의 영아용 의자를 놓고 그 위에 놀잇감을 올려놓는다.

step 2 주양육자는 의자 앞에 영아를 앉힌다(이 과정은 영아가 놀잇감을 집으려고 팔을 들어 올림으로써 등을 곧게 세우기 위함이다).

step 3 주양육자는 영아가 의자 위의 놀잇감에 관심을 지속적으로 유지할 수 있도록 상호작용을 해 준다. 즉, 놀잇감을 숨기며 "○○야, 놀잇감 어디 있어? 여기 있네!" 하며 놀잇감을 이용한 놀이를 유도한다.

step 4 영아가 안정되게 앉으면 주양육자는 놀잇감의 위치를 옆으로 옮김으로써 영아가 좌우로 몸을 돌리는 연습을 할 수 있도록 지도한다.

◎ 일상생활에서의 지도과정

영아가 다양한 일상생활에서 잘 앉아 있을 수 있도록 식사 시간이나 놀이 시간, 목욕 시간(영아가 앉아 있을 수 있는 크기의 목욕대야 이용)에 앉아 있는 자세를 연습할 수 있도록 한다.

처음에는 안전벨트가 있는 영아용 의자에 앉히다가 영아가 능숙하게 앉을 수 있으면 안전벨트를 풀고 의자에 앉는 연습을 시킨다.

◎ 고려사항

의자 앞에 앉아 있는 영아가 놀이를 하면서 팔을 의자에 지지하게 되면 오히려 몸통의 활동을 감소시킬 수 있으므로 주양육자는 영아의 팔을 의자에 짚지 않도록 유의한다.

뇌성마비 영아의 경우는 앉을 준비가 되지 않은 상태인데 억지로 앉히면 척추에 이상이 생길 수 있으므로 재활의학과 의사나 물리치료사와 협의하여 연습을 하도록 한다.

시각장애 영아의 경우는 영아가 선호하는 촉감의 놀잇감, 소리 나는 놀잇감을 이용하여 위와 동일한 방법으로 지도한다.

◎ 목표행동 성취기준

영아는 한 번 할 때마다 최대 10분 이상 등을 바로 세우고 앉아서 손을 자유롭게 사용하며 놀이하는 행동을 10회 시도 중 최소 8회 이상 할 수 있다.

2. 목표행동

엎드린 자세에서 앞쪽, 뒤쪽으로 긴다.

◎ 목표행동 성취의 중요성

엎드린 자세에서 앞뒤로 기기는 팔과 다리의 교대 움직임과 체중 이동의 발달 과정을 향상시킨다. 또한 방향감각 및 양손과 양다리 근육의 강화를 통해 서서 걷기 위한 준비를 하는 데 필요한 근육을 점차 안정적으로 발달시킨다.

◎ 자료

색이 선명하고 소리가 나는 놀잇감이나 영아가 좋아하는 놀잇감, 굴림통(예: 푹신한 타원형 모양의 베개)

◎ 목표행동 성취를 위한 단계적 지도과정

step 1 주양육자는 영아를 타원형 굴림통 위에 엎드려 놓는다.

step 2 주양육자는 영아가 팔꿈치를 펴고 무릎은 바닥에 닿은 자세를 유지하게 하며, 앞으로 넘어지지 않도록 가슴을 잡아 준다.

step 3 이 자세에서 주양육자는 굴림통을 앞뒤로 흔들어 준다.

step 4 주양육자는 영아가 균형을 유지하려고 고개를 들거나 팔다리에 힘을 주면 칭찬 해 준다.

step 5 영아가 굴림통 위에서 안정적으로 자세를 유지하면 주양육자는 굴림통 없이 네 발 자세를 만든 후 앞뒤로 흔들어 준다.

◎ 일상생활에서의 지도과정

주양육자가 영아의 등 뒤에서 가슴을 살짝 잡아 주며 위 지도과정을 연습할 수 있다. 평소 좋아하는 놀잇감을 이용하면 영아가 쉽게 관심을 보이며 손으로 짚으려는 행동을 보인다. 이때 영아가 엎드린 자세를 취하게 한 후 다른 양육자가 놀잇감을 앞뒤로 움직이면 영아도 놀잇감을 따라서 기는 연습을 할 수 있다.

◎ 고려사항

영아는 엎드린 상태를 힘들어하므로 너무 오랜 시간 실시하지 않도록 한다.

굴림통은 영아의 엎드린 자세보다 작은 것을 사용하여야 안전하다.

뇌성마비 영아의 경우는 기다가 고개를 떨구어 다칠 수 있으므로 방바닥에 매트를 깔아 준다.

시각장애 영아의 경우는 영아가 선호하는 촉감의 놀잇감, 소리 나는 놀잇감을 이용하여 위와 동일한 방법으로 지도한다.

◎ 목표행동 성취기준

영아는 엎드린 자세에서 스스로 앞뒤로 기는 행동을 10회 시도 중 최소 8회 이상 할 수 있다.

3. 목표행동

가구나 다른 지지대를 잡고 서 있는다.

◎ 목표행동 성취의 중요성

지지대를 잡고 서기는 두 발로 서서 균형 잡기와 양하지 근육 발달이 이루어져야 가능한 발달과정이며, 근골격 발달과 순환을 증진시킨다. 적절한 서기 자세는 엉덩이, 무릎, 발목의 긴장을 예방하고 등의 근력을 키운다.

◎ 자료

가구(영아가 무릎을 세우고 앉으면 두 손이 닿을 수 있는 높이), 색이 선명하고 소리가 나는 놀잇감이나 영아가 좋아하는 놀잇감

◎ 목표행동 성취를 위한 단계적 지도과정

- **step 1** 주양육자는 모서리가 있는 가구 옆에 영아를 세워 놓고 영아가 모서리를 잡도록 한다.
- **step 2** 영아가 모서리를 잡고 균형을 잡으면 주양육자는 영아를 그대로 세워 둔다.
- **step 3** 주양육자는 영아를 세운 후 노래를 불러 주거나 박수를 쳐 주어 영아가 서 있는 시간을 늘린다.
- **step 4** 주양육자는 점점 노래를 길게 불러 준다.
- **step 5** 영아가 바닥에 주저앉으면 주양육자는 영아를 일으켜 세워 다시 시도한다.

◎ 일상생활에서의 지도과정

주양육자는 영아의 키 높이에 맞추어 마주 보고 앉아 영아의 두 손을 잡은 다음

영아를 일으켜 세운다. 이때 영아가 주양육자의 팔이나 손과 같은 신체 일부분을 붙잡는 등 지지대로 삼아 일어설 수 있도록 자주 유도한다.

◎ 고려사항

영아가 지지대를 잡고 서 있을 때 넘어져 다칠 수 있으므로 주양육자는 가구에 부딪히지 않도록 영아 가까이에서 두 팔로 안는 자세를 취한다. 영아가 유모차를 잡고 설 때에는 바퀴를 고정시켜 주어야 한다.

안전을 위하여 가구 및 위험한 물품의 모서리에 모서리 방지 쿠션을 붙인다.

뇌성마비 영아의 경우는 모서리를 붙잡고 서기가 힘들 수 있으므로 벽 코너에 고정시키듯이 세워 놓고 안정된 자세를 유지하도록 한다. 이후 어느 정도 발힘이 생겼을 때 모서리를 붙잡고 서는 행동을 해 보도록 한다.

시각장애 영아의 경우는 영아가 선호하는 촉감의 놀잇감, 소리 나는 놀잇감을 이용하여 위와 동일한 방법으로 지도한다.

◎ 목표행동 성취기준

영아는 가슴을 가구에 기대지 않은 채 손으로 가구를 잡고 선 자세를 유지하는 행동을 하루 일과 중 최소 5회 이상 할 수 있다.

4. 목표행동

스스로 일어서려고 시도한다.

◎ 목표행동 성취의 중요성

스스로 일어서려고 시도하는 행동은 영아의 서기 능력을 향상시킨다. 같은 연령의 또래 중에서도 설 수 있는 영아가 좀 더 성숙한 것으로 인지됨으로써 서기는 사회적 상호작용을 촉진한다.

◎ 자료

가구(영아가 무릎을 세우고 앉으면 두 손이 닿을 수 있는 높이), 색이 선명하고 소리가 나는 놀잇감이나 영아가 좋아하는 놀잇감

◎ 목표행동 성취를 위한 단계적 지도과정

- **step 1** 주양육자는 무거운 서랍장이 있다면 살짝 서랍을 열어 두고 그 앞에 영아를 앉힌다.
- **step 2** 주양육자는 서랍 앞에 앉아 있는 영아에게 놀잇감을 보여 준 다음 서랍 안에 넣는다.
- **step 3** 주양육자는 "○○야, 놀잇감 어디 있니?" 하며 놀잇감을 지적한다.
- **step 4** 주양육자는 영아가 팔다리에 힘을 주고 일어나면 칭찬해 준다.

◎ 일상생활에서의 지도과정

주양육자가 영아 앞에 앉아 "어부바" 하고 말할 때 영아가 주양육자의 등을 잡고 일어설 수 있도록 한다.

◎ 고려사항

영아가 넘어지지 않도록 주양육자는 영아를 잡아 줄 준비를 하며, 서랍을 잡고 일어서는 활동이 안전한지 늘 확인해야 한다. 또한 영아가 힘을 주었을때 서랍이 빠지지 않도록 양육자는 한손으로는 서랍을 잡고 다른 한손으로는 영아의 안전을 지지한다.

시각장애 영아의 경우는 영아가 좋아하면서 소리 나는 놀잇감을 영아가 일어서야 잡을 수 있는 높이의 의자, 탁자, 서랍 등에 두고 위에서 제시한 방법으로 지도한다.

◎ 목표행동 성취기준

영아는 서랍이나 지지대를 잡고 스스로 일어서려고 시도하는 행동을 하루 일과 중 최소 5회 이상 보인다.

5. 목표행동

누워 있을 때 머리와 어깨를 20초 이상 든다.

◎ 목표행동 성취의 중요성

영아가 누워서 머리와 어깨를 드는 것은 목과 허리, 척추의 근육발달이 이루어져야 가능한 발달과정이다.

◎ 자료

손인형

◎ 목표행동 성취를 위한 단계적 지도과정

step 1 주양육자는 손인형을 준비하여 바로 누워 있는 영아의 얼굴 앞에 손인형을 내민다.

step 2 주양육자는 손인형을 조금씩 움직이면서 "○○야, 안녕!" "너의 이름은 뭐니?" 하며 말한다.

step 3 영아가 손인형을 잡으려고 머리와 어깨를 든 후 손을 뻗으면 주양육자는 손인형을 영아의 손에 대어 준다.

◎ 일상생활에서의 지도과정

영아가 바로 누워 있을 때 주양육자는 영아의 두 손을 잡고 앞으로 끌어올리는 연습을 한다.

◎ 고려사항

영아가 머리와 어깨를 오랜 시간 들고 있으면 힘들어하므로 짧게 자주 반복하도록 하고, 연습할 때는 영아의 신체 상황을 고려한다.

시각장애 영아의 경우는 영아가 좋아하는 촉감의 놀잇감, 소리 나는 놀잇감을 이용하여 위와 동일한 방법으로 지도한다.

◎ 목표행동 성취기준

영아는 천장에 매달린 놀잇감에 손을 뻗어 잡기 위해 머리와 어깨를 20초 이상 들고 있는 행동을 하루 일과 중 최소 5회 이상 할 수 있다.

6. 목표행동

15cm 정도 높이의 계단(또는 낮은 탁자, 소파)을 기어오른다.

◎ 목표행동 성취의 중요성

낮은 높이의 계단을 기어오르는 것은 사지를 교대로 사용하는 기술과 반응을 조절하는 감각능력을 발달시킨다. 또한 방향감각 및 양손과 양다리 근육의 강화를 통해 서서 걷기 위한 준비를 하는 데 필요한 근육을 점차 안정적으로 발달시킨다.

◎ 자료

색이 선명하고 소리가 나는 놀잇감이나 영아가 좋아하는 놀잇감, 과자, 15cm 정도의 받침대(예: 계단, 낮은 탁자, 소파)

◎ 목표행동 성취를 위한 단계적 지도과정

step 1 주양육자는 영아가 기는 자세를 취하게 하여 계단 아래에 놓으며 "○○야, 올라가 볼까?" 하며 계단 위를 손바닥으로 치면서 관심을 유도한다.

step 2 주양육자는 영아가 계단을 오르려고 하지 않으면 영아가 좋아하는 놀잇감이나 과자 등의 목표물을 계단 위에 올려놓는다.

step 3 주양육자는 계단 뒤에서 안아 주려는 동작을 취하거나 영아의 이름을 부르며 놀잇감을 흔들어 보인다.

step 4 영아가 놀잇감을 줍기 위해 계단을 잘 오르면 주양육자는 영아를 안아서 칭찬해 준다.

step 5 영아가 오르지 못하면 주양육자는 영아의 등 뒤에서 가슴을 들어서 도와준다.

step 6 영아가 성공하면 주양육자는 영아를 안아서 칭찬해 준다.

◎ 일상생활에서의 지도과정

주양육자는 바닥에 큰 베개 몇 개를 놓고 영아가 기어 넘어가게 한다. 베개 뒤에서 손뼉을 치며 "○○야, 이리 와." 하며 영아가 넘어올 수 있도록 지속적으로 유도한다.

주양육자는 누워 있고 영아는 주양육자 허리 쪽에 자세를 취하게 한 다음 영아가 주양육자의 배 위를 기어서 반대편으로 넘게 하는 놀이를 한다. 영아가 주양육자 배 위로 올라왔을 때 두 팔로 안아 주며 "잡았다!" 하며 흥미를 유발시킨다.

◎ 고려사항

영아가 계단 위에서 장난을 치거나 구르지 않도록 안전에 유의한다.

계단의 폭이 좁으면 위험하므로 계단의 폭이 넓은 곳에서 연습하도록 한다. 또한 계단 수가 많지 않고 2~3개 정도 있는 곳에서 연습하는 것이 좋다.

시각장애 영아의 경우는 계단 오르기를 지도하기 전에 계단 모양에 대해 영아가 먼저 인식할 수 있도록 계단을 충분히 탐색할 수 있는 기회를 준다. 그다음 계단 수를 한 칸씩 차례로 늘려 가며 계단 위에 소리 나는 놀잇감을 두고 잡기 연습

을 하게 하여 계단을 기어오르도록 유도한다.

◎ 목표행동 성취기준

영아는 독립적으로 안전하게 15cm 정도의 계단을 기어오르는 행동을 10회 시도 중 최소 8회 이상 할 수 있다.

7. 목표행동

누워 있을 때 등을 들어 올리고 발을 밀어서 움직인다.

◎ 목표행동 성취의 중요성

발을 밀어서 움직이는 행동은 걷는 데 필요한 기초 단계로 양손과 양다리의 근육을 강화시키며, 목과 어깨, 척추의 근육을 안정적으로 발달시키는 데 도움이 된다.

◎ 자료

흔들어서 소리 나는 놀잇감이나 영아가 좋아하는 놀잇감

◎ 목표행동 성취를 위한 단계적 지도과정

step 1 주양육자는 무릎을 구부리고, 등을 벽이나 소파에 기대어 앉는다.

step 2 주양육자는 영아의 머리쪽을 위로 향하게 하여 주양육자의 다리 사이에 영아를 똑바로 눕힌다.

step 3 주양육자는 영아의 무릎을 구부리게 한 후 두 발을 지탱해 준다

step 4 주양육자는 누워 있는 영아의 두 발을 잡고 위로 올리면서 무릎을 폈다가 다시 두 발을 주양육자의 가슴으로 끌어내리면서 구부렸다를 반

복하며 놀이를 한다.

step 5 영아가 다리를 미는 것에 익숙해지면 주양육자는 놀잇감을 영아의 얼굴 위에서 흔들어 보이며 관심을 가지도록 유도한다.

step 6 영아가 놀잇감에 관심을 보이면 주양육자는 영아 머리 위로 놀잇감을 올려놓는다.

step 7 영아가 놀잇감을 손으로 집으려고 발을 뻗으면 주양육자는 영아의 발을 지탱해 주며 힘차게 뻗을 수 있도록 밀어 준다.

◎ 일상생활에서의 지도과정

평소 기저귀를 갈기 위해 영아가 누워 있을 때마다 주양육자는 영아의 두 발을 잡고 무릎을 구부리게 해서 영아가 발을 뻗어 무릎을 펼 수 있게 해 준다. 바닥이 미끄러운 곳이라면 영아를 누운 상태로 머리 위로 올렸을 때 "○○야, 어디 있니?" 하고 물어본 후 바로 아래로 내려 영아의 얼굴과 마주 본 후 "여기 있다!" 하며 까꿍놀이를 한다.

◎ 고려사항

영아가 등을 올려 발을 밀어서 움직이는 것을 주양육자 없이 혼자 하게 될 경우 위쪽이 보이지 않아 가구나 벽에 머리를 부딪힐 수 있으므로 주양육자의 보호하에 놀이나 연습을 할 수 있도록 한다.

바닥에 위험한 물건이 없도록 깨끗하게 정리한 뒤 놀이를 한다.

시각장애 영아의 경우는 영아가 선호하는 촉감의 놀잇감, 소리 나는 놀잇감을 이용하여 위와 동일한 방법으로 지도한다.

◎ 목표행동 성취기준

영아는 누워서 발을 밀어 움직이는 행동을 10회 시도 중 최소 8회 이상 할 수 있다.

04 월령: 10~12개월

1. 목표행동

가구를 잡고 돌아다닌다.

◎ 목표행동 성취의 중요성

지지대를 잡고 걷기는 공간지각과 신체지각을 균형 있게 발달시키고, 손과 다리의 기능을 점차 세분화시킨다. 다리를 사용하면서 상체의 힘은 감소되며, 엉덩이 주위와 양다리의 근육조절을 통해 균형잡기와 옆으로 걷는 데 필요한 준비기술을 익히는 발달과정이다.

◎ 자료

영아의 허리까지 오는 가구(예: 모서리가 있는 책상 또는 소파), 색이 선명하고 소리가 나는 놀잇감이나 영아가 좋아하는 놀잇감, 걸음마 안전지지대

◎ 목표행동 성취를 위한 단계적 지도과정

step 1 주양육자는 모서리가 있는 가구 왼쪽에 영아를 세워 놓고 영아가 손으로 가구를 잡도록 한다.

step 2 주양육자는 영아를 세운 후 노래를 부르거나 박수를 쳐서 영아의 관심을 집중시킨 후 영아가 좋아하는 놀잇감을 가구의 오른쪽에 놓는다.

step 3 주양육자는 놀잇감을 흔들어 보이며 영아가 잡도록 유도한다.

step 4 주양육자는 영아가 체중을 오른쪽(놀잇감이 있는 쪽) 다리에 이동시키고 팔을 내밀면 칭찬해 준다.

step 5 영아가 서서 움직이는 것을 어려워하면 주양육자는 영아가 오른쪽 다리에 체중을 옮기도록 주양육자가 엉덩이를 잡아 준다.

◎ 일상생활에서의 지도과정

서랍장에 영아를 세우고 영아가 손을 뻗어 닿을 수 있는 거리보다 약간 더 먼 곳에 놀잇감을 둔 다음 영아에게 가져오라고 하여 옆으로 걸어갈 수 있게 한다. 또는 식탁의 엄마 의자를 잡고 서서 옆에 있는 아빠 의자로 이동할 수 있도록 유도한다.

양육자와 영아가 마주 본 상태에서 두 손을 잡고 "걸음마, 걸음마" 하고 소리를 내면서 함께 걸어 보는 놀이를 한다.

◎ 고려사항

주양육자는 영아가 뒤로 넘어지면 바로 뒤에서 잡아 줄 수 있도록 준비한다. 영아의 안전을 위하여 가구 및 위험한 물품의 모서리에 모서리 방지 쿠션을 붙여 두는 것이 좋다.

뇌성마비 영아의 경우는 고개를 정방향으로 세우도록 항상 각인시킨다.

시각장애 영아의 경우는 소리 나는 놀잇감을 사용하여 영아가 놀잇감을 잡기 위해 가구를 잡고 이동하는 방법을 활용한다. 이때 영아가 손을 뻗으면 잡을 수 있는 정도의 거리에 놀잇감을 놓아 둔 후 소리가 나면 영아가 찾을 수 있는 단계에서 시작해 점차 거리를 늘려서 영아가 옆으로 손을 뻗거나 이동하면 놀잇감을 가질 수 있음을 알고 이러한 행동을 스스로 하도록 유도한다.

◎ 목표행동 성취기준

영아는 혼자서 가구를 잡고 흥미로운 놀잇감을 잡기 위해 가구 주변을 자유롭게 돌아다니는 행동을 하루 일과 중 최소 5회 이상 할 수 있다.

2. 목표행동

놀잇감을 줍기 위해 가구에 의지하여 웅크리고 앉는다.

◎ 목표행동 성취의 중요성

가구에 의지하여 웅크려 앉기는 근력과 균형을 모두 포함하는 운동기술이며, 특히 놀잇감을 줍는 활동은 눈과 손의 협응능력을 향상시킨다.

◎ 자료

영아가 좋아하는 놀잇감, 영아의 허리까지 오는 가구(예: 책상, 소파, 낮은 의자)

◎ 목표행동 성취를 위한 단계적 지도과정

step 1 주양육자는 가구 위에 영아가 좋아하는 놀잇감을 올려놓은 뒤 "여기에 곰돌이가 있네!" 하며 알려 준다.

step 2 주양육자는 영아를 가구 앞에 세워 놓는다.

step 3 주양육자는 영아가 그 가구를 잡고 서서 한 손에는 가구를, 다른 한 손으로는 놀잇감을 잡고 놀이를 할 수 있도록 유도한다.

step 4 영아가 신나게 놀잇감을 가지고 놀이를 할 때 주양육자는 그 놀잇감을 가구보다 조금 낮은 높이의 의자에 내려놓는다.

step 5 주양육자는 "곰돌이가 어디 있니?"라고 영아에게 물으며 낮은 의자를 손으로 가리킨다.

step 6 주양육자는 영아가 익숙해지면 점차 낮은 높이(바닥)에 놀잇감을 놓아 두고 잡을 수 있도록 지도한다.

◦ 일상생활에서의 지도과정

놀잇감을 집어서 놀잇감 바구니에 넣거나, 휴지를 주워 쓰레기통에 넣는 등 주양육자는 영아가 방 청소하는 것을 돕도록 유도한다.

◦ 고려사항

영아가 바닥까지 구부렸을 때 놀잇감에 손이 닿지 않으면, 처음에는 놀잇감을 낮은 의자 위에 놓아 둔다. 이때 영아가 허리가 아니라 무릎까지 구부렸는지 확인한다.

다리의 정렬이 좋지 않은 영아의 경우(하지마비 영아나 다운증후군 영아 등 저긴장 영아에게 나타나는 증상으로 다리의 뼈가 바르게 나열되지 않은 것을 의미함)는 쪼그려 앉기를 유도하게 되면 다리 상태가 더 악화될 수 있으므로 주의한다.

뇌성마비 영아의 경우는 뒤에서 허리를 잡아 주고 몸을 구부리도록 하여 균형을 잡도록 유도한다.

시각장애 영아의 경우는 영아가 가구를 잡고 서 있을 때 소리 나는 놀잇감을 영아의 발 옆에 두어 영아가 놀잇감의 위치를 파악하고 몸을 굽혀 놀잇감을 줍기 위해 웅크려 앉을 수 있도록 유도한다.

◎ 목표행동 성취기준

영아는 놀잇감을 줍기 위해 웅크리고 앉는 행동을 하루 일과 중 최소 5회 이상 할 수 있다.

3. 목표행동

양육자의 도움을 받아 몇 걸음 걷는다.

◎ 목표행동 성취의 중요성

도움받아 몇 걸음 걷기는 근육조절과 체중의 이동을 통한 균형감각의 향상과 두 발로 걷는 것에 대한 즐거움을 알게 하며, 혼자서 걷는 데 토대가 되는 발달과정이다.

◎ 자료

영아의 허리까지 오는 의자(예: 등받이가 있는 의자), 영아가 좋아하는 놀잇감

◎ 목표행동 성취를 위한 단계적 지도과정

step 1 주양육자는 의자를 영아 앞에 세워 놓고 영아의 뒤에서 엉덩이를 잡아 준다.

step 2 다른 주양육자는 의자 앞에서 놀잇감을 흔들면서 의자를 조금씩 앞으로 당겨 준다.

step 3 영아가 의자(등받이)를 잡고 앞으로 한 발을 떼면 주양육자는 놀잇감을 건넨다.

step 4 영아가 발을 떼지 못하면 영아의 뒤에 있는 주양육자가 영아의 한쪽 종아리를 잡아 무릎을 앞으로 구부리며 발을 옮겨 준다.

step 5 영아가 자세를 잘 유지하면 엉덩이를 잡았던 주양육자는 손을 뗀다.

◎ 일상생활에서의 지도과정

영아가 형제들과 함께 걷는 연습을 하게 한다.

낮은 계단을 이용해서 영아의 양손을 잡고 무릎을 구부렸다 펴서 걷는 활동을 함으로써 다리의 기능을 알려 주는 것도 좋은 방법이다.

◎ 고려사항

영아의 걷기 동작이 안정적으로 지속될 수 있도록 공간을 확보해 주며, 주변 물건을 정리해 둔다.

뇌성마비 영아의 경우는 발목 보조기를 착용하여 발목이 비틀어지는 것을 사전에 방지한다.

시각장애 영아의 경우는 소리 나는 놀잇감을 활용하여 위에서 제시한 동일한 방법으로 지도한다.

◦ 목표행동 성취기준

영아는 의자를 사용해 1.5m 이상 걷는 행동을 하루 일과 중 최소 5회 이상 할 수 있다.

4. 목표행동

혼자 선다.

◦ 목표행동 성취의 중요성

혼자서 일어서는 것은 독립보행의 시작 단계로서 중요한 발달과정이며, 몸의 상하체 근육 강화를 통해 서서 걷기 위한 준비를 하는 데 필요한 근육을 점차 안정적으로 발달시킨다.

◦ 자료

낮은 소파나 의자, 영아가 좋아하는 놀잇감

◦ 목표행동 성취를 위한 단계적 지도과정

step 1 주양육자는 낮은 의자에 영아가 좋아하는 놀잇감을 올려놓는다.

step 2 주양육자는 영아를 그 앞에 앉혀 놓고 놀잇감이 어디에 있는지 보여 준다.

step 3 주양육자는 영아가 팔과 다리에 힘을 주고 일어나면, "○○야, 너무 잘했어!"라고 칭찬해 준다.

◦ 일상생활에서의 지도과정

하루 일과 중에 영아가 혼자서 일어서는 활동을 도와준다. 특히 영아가 일어서기 전에 시작 자세를 다양하게 해 주는데, 예를 들어 앉기, 엎드리기, 손을 무릎 앞에 두기, 무릎 꿇기 등 다양한 자세에서 일어서기를 시도할 수 있도록 한다.

◎ 고려사항

필요한 경우에 영아가 바닥에 발을 평평하게 유지한 채 무릎은 바깥으로 향하게 보조해 준다.

복근이 약하거나 하체근육이 약한 영아의 경우는 의자에서 일어나 앉기를 단계적으로 지도한다. 의자 높이로 무릎 각도를 조절해 준다.

시각장애 영아의 경우는 머리 위에서 좋아하는 놀잇감의 소리를 들려주어 영아가 놀잇감을 획득하기 위해 일어서도록 유도한다.

◎ 목표행동 성취기준

영아는 앉아 있는 자세에서 혼자 일어나서 30초 동안 서 있는 행동을 하루 일과 중 최소 5회 이상 할 수 있다.

5. 목표행동

혼자 한두 걸음 뒤뚱거리면서 걷는다.

◎ 목표행동 성취의 중요성

초기 한두 걸음 걷기는 이전 단계까지의 대근육 운동기술의 총체적인 조합/조절 능력을 보여 주는 단계로서 중요한 발달과정이며, 이는 공간지각 능력, 탐색과 인지 능력, 사회성 발달에도 중요한 역할을 한다.

◎ 자료

영아가 좋아하는 놀잇감, 손으로 밀고 다니는 놀잇감

◎ 목표행동 성취를 위한 단계적 지도과정

step 1 두 명의 주양육자가 약 60cm 정도 사이를 두고 마주 앉는다.

step 2 영아를 두 양육자 사이에 세우고 주양육자 중 한 사람이 잡아 준다.

step 3 다른 주양육자가 영아의 이름을 부르며 "○○야, 이거 보세요!" 하며 영아가 좋아하는 놀잇감을 흔든다.

step 4 영아가 놀잇감을 가진 주양육자 쪽으로 걸어오면 놀잇감을 건넨다.

step 5 주양육자 사이의 거리를 점차 늘려 간다.

◎ 일상생활에서의 지도과정

가정에서 엄마, 아빠에게 다가가 안기기 등 영아가 혼자서 걸을 수 있는 기회를 준다. 연습을 할 때도 영아를 안아서 이동시키기보다는 지지를 해 주며 걷게 한다.

교육기관에서 교사는 영아에게 손으로 밀고 다니는 놀잇감을 주고 그것을 영아가 밀 수 있도록 도와준다(예: "○○야, 선생님이 걸음마 친구를 데리고 왔다. 멋지지?

손으로 이걸 밀면 앞으로 움직인단다."). 이때 영아의 걸음이 놀잇감의 이동 속도보다 늦어질 경우 영아가 넘어질 수 있으므로 교사는 옆에서 계속해서 지켜본다.

◎ 고려사항

아직 능숙하게 걷지 못하는 영아이기 때문에 걷다가 넘어지는 경우가 많으므로 바닥에 평평하면서도 푹신한 매트를 깔아 주어 영아가 넘어졌을 때 받는 충격을 덜어 준다.

넘어지기 쉬운 뇌성마비 영아의 경우는 헬멧을 씌워 머리 부상 위험을 예방한다.

시각장애 영아의 경우는 혼자서 걷는 시기가 종종 지연되므로 이 활동을 할 때는 인내심을 가져야 한다. 예측이 가능하고 친숙한 놀이 공간에서 이 활동을 반복적으로 연습시키고 소리 나는 놀잇감을 사용하여 영아가 놀잇감을 잡기 위해 한두 걸음을 걷도록 유도한다. 이때 영아가 손을 뻗으면 잡을 수 있는 정도의 거리에 놀잇감을 놓아 둔 후 소리가 나면 영아가 찾을 수 있는 단계에서 시작해 점차 거리를 늘려서 영아가 옆으로 손을 뻗거나 이동하면 놀잇감을 가질 수 있음을 알고 이러한 행동을 스스로 하도록 유도한다.

◎ 목표행동 성취기준

영아는 혼자서 넘어지지 않고 3~5발자국 앞으로 걷는 행동을 하루 일과 중 최소 5회 이상 할 수 있다.

6. 목표행동

빠르게 긴다.

목표행동 성취의 중요성

빠르게 속도를 내어 기기는 팔과 다리의 교대 움직임과 체중 이동 능력이 성숙되어야 가능한 발달과정이며, 이는 방향감각을 향상시키고 양손과 양다리 근육을 강화시킴으로써 걷기 위한 준비를 하는 데 중요한 역할을 한다.

자료

태엽으로 작동하는 놀잇감(예: 오리, 자동차, 거북이 모양의 태엽 놀잇감), 박자가 빠른 동요, 영아용 팔꿈치 보호대

목표행동 성취를 위한 단계적 지도과정

step 1 주양육자는 거북이나 오리 모양의 태엽으로 가는 놀잇감이 작동될 수 있도록 준비해 둔다.

step 2 주양육자는 엎드려 있는 영아가 놀잇감에 주의를 기울이게 한 다음 놀잇감을 작동시킨다.

step 3 주양육자는 "○○야, 저게 뭐야?"라고 말하며 놀잇감의 움직임을 따라 기어가는 동작을 시범 보인다.

step 4 영아가 놀잇감을 따라 기어가는 행동을 보이면 주양육자는 영아 뒤에서 함께 좇아가며 기어간다.

step 5 주양육자는 영아가 놀잇감을 잡기 직전에 놀잇감이 좀 더 빨리 움직이도록 조절한다.

step 6 이때 주양육자는 영아 뒤에서 작동 중인 놀잇감 모양의 동물 소리를 흉내 내며 영아가 빠르게 기어가도록 유도한다.

◎ 일상생활에서의 지도과정

가정에서 주양육자는 영아 뒤에서 쫓아가며 잡기놀이 등을 실시한다. 이때 느리거나 빠른 음악을 이용하여 영아 스스로 속도를 조절하며 길 수 있도록 유도한다.

◎ 고려사항

빠르게 기는 연습을 할 때는 넓은 공간이 필요하다. 영아는 주위 상황에 대처하는 능력이 떨어지므로 머리를 부딪히거나 발에 걸리는 물건으로 다치지 않도록 주위를 정돈해 놓는다.

뇌성마비 영아의 경우는 기는 기간이 길어 팔꿈치 부분에 굳은살이 생기기 쉬우므로 팔꿈치 보호대를 착용시킨다.

시각장애 영아의 경우는 좋아하는 놀잇감, 소리 나는 놀잇감을 사용하는데, 이때 영아가 엎드려 있는 자세에서 팔을 뻗으면 잡을 수 있는 정도의 거리에 놀잇감을 놓은 다음 소리 자극을 통해 손으로 놀잇감을 찾는 놀이 경험을 하게 한다. 점차 놀잇감과 영아의 거리를 멀게 하여 영아가 놀잇감을 찾기 위해 몸을 움직이도록 유도한다.

◎ 목표행동 성취기준

영아는 빠르게 기어서 주양육자가 제시한 목표물을 잡는 행동을 하루 일과 중 최소 5회 이상 할 수 있다.

7. 목표행동

15cm 정도 높이의 계단(또는 낮은 탁자, 소파) 아래로 기어 내려온다.

◎ 목표행동 성취의 중요성

기어서 내려오기는 팔과 다리의 교대 움직임과 몸의 균형감각을 향상시키며, 또한 높이(깊이) 차이를 지각할 수 있는 반사 조절을 통하여 상황 대처 능력을 발달시킨다.

◎ 자료

영아가 좋아하는 놀잇감이나 간식, 15cm 정도의 받침대(예: 계단, 낮은 탁자, 소파)

◎ 목표행동 성취를 위한 단계적 지도과정

step 1 주양육자는 실내용 완만한 계단이나 낮은 소파 등을 준비한다.

step 2 주양육자는 영아를 계단 위에 올려놓고 자신은 계단 아래에서 팔을 벌려 안아 주는 동작을 취한다.

step 3 영아가 팔과 다리를 사용해서 기어 내려오면 주양육자는 영아를 안아 머리 위로 들어 올리며 칭찬해 준다.

step 4 주양육자는 그다음 바닥에 영아가 좋아하는 놀잇감이나 간식을 놓아 두어 영아가 흥미를 가지고 기어 내려오도록 유도한다.

◎ 일상생활에서의 지도과정

주양육자는 자신의 배(복부) 위 또는 베개나 이불을 적당한 높이로 쌓은 곳에 영아를 올려놓고 영아 스스로 오르내리도록 유도한다. 영아가 흥미를 가지고 오르내릴 수 있도록 주양육자는 뒤에서 쫓아가는 흉내를 내 준다.

◎ 고려사항

뇌성마비 영아와 시각장애 영아의 경우는 내려오는 것에 대해 두려움을 크게 가지므로 주양육자는 영아의 손발 위치를 함께 잡아 주고 영아 스스로 높이를 인지할 수 있도록 충분한 시간을 할애한다.

시각장애 영아의 경우는 계단 오르기를 지도하기 전에 계단 모양에 대해 영아가 먼저 인식하도록 계단을 충분히 탐색할 수 있게 해 준다. 그다음 계단 수를 한 칸씩 차례로 늘려 가며 계단 아래에 소리 나는 놀잇감을 두고 잡기 연습을 하게 하여 계단을 기어 내려오도록 유도한다.

◎ 목표행동 성취기준

영아는 15cm 정도의 계단을 기어 내려오는 행동을 하루 일과 중 최소 5회 이상 할 수 있다.

8. 목표행동

좌우 60cm 떨어져 있는 물건을 잡기 위해 몸을 자유롭게 돌린다.

◎ 목표행동 성취의 중요성

좌우에 떨어져 있는 물건을 잡으려고 몸을 돌리는 것은 몸통의 회전(rotation)과 자세 전환을 향상시키는 발달과정이다.

◎ 자료

영아가 좋아하는 놀잇감(예: 자동차, 인형), 과자

◎ 목표행동 성취를 위한 단계적 지도과정

step 1 주양육자는 영아에게서 좌측으로 60cm 정도 떨어진 곳에 놀잇감을 놓는다.

step 2 주양육자는 영아에게 "○○야, 놀잇감 어디 있어?"라고 말을 한다.

step 3 영아가 놀잇감이 있는 곳을 쳐다보면 주양육자는 "엄마에게 주세요!" 하며 두 손을 펴서 영아 앞에 내민다.

step 4 주양육자는 영아가 몸을 돌려 놀잇감을 잡은 뒤 자신에게 건네면 "고맙습니다."라고 하며 영아에게 감사의 표시를 해 준다.

step 5 주양육자는 그다음 바로 영아의 우측으로 놀잇감을 옮기며 위의 과정을 반복하여 지시한다.

step 6 주양육자는 영아가 다시 몸을 돌려 놀잇감을 잡아 자신에게 건네면 칭찬해 준다.

◎ 일상생활에서의 지도과정

영아가 앉아서 혼자 놀이를 할 때 몸을 돌려 소리 나는 쪽을 쳐다볼 수 있도록 주양육자는 영아 뒤에서 영아의 이름을 부른다.

평소에 영아가 집중하며 놀이를 하는 물건(예: 전화기, 빈상자)이 있다면 놀이 중 잠시 빼앗아 영아에게서 60cm 정도 떨어진 곳에 옮겨 놓고 가져가라고 지시한다.

◎ 고려사항

주위 물건을 잡기 위해 자유롭게 몸을 돌리는 것은 영아가 앉아 있을 때 외에도 서 있거나 누워 있거나 엎드려 있는 자세 등 다양한 자세에서 지도할 수 있다.

뇌성마비 영아의 경우는 영아가 선호하는 방향에서 연습을 하게 하여 성공감을 맛보도록 해 주고 영아의 고개나 사지가 과도하게 움직이지 않도록 주의한다.

시각장애 영아의 경우는 놀잇감이나 음식을 사용하여 영아가 그것을 얻기 위해 몸을 돌리도록 유도하는 것이 더 효과적일 수 있다.

◎ 목표행동 성취기준

영아는 좌우 60cm 떨어져 있는 물건을 잡기 위해 몸을 자유롭게 움직이는 행동을 하루 일과 중 최소 5회 이상 할 수 있다.

05 월령: 13~18개월

1. 목표행동

거의 넘어지지 않고 스스로 균형 있게 서서 몇 발자국 앞으로 간다.

◎ 목표행동 성취의 중요성

혼자서 걷는 것은 상체와 하체의 균형감각과 몸 전체의 근육 협응 조절을 통한 걷기 능력을 향상시키는 발달과정이다.

◎ 자료

끌차, 유모차

◎ 목표행동 성취를 위한 단계적 지도과정

step 1 영아를 벽이나 소파 앞에 세워 두고 영아의 1m 정도 앞에서 주양육자가 마주 보고 앉는다.

step 2 다른 양육자는 우선 서 있는 영아의 손을 잡고 영아가 몇 발자국 정도 발걸음을 뗄 수 있게 도와준다.

step 3 앞에 앉아 있는 주양육자는 "○○야, 이리 오세요!" 하며 손뼉을 치며 관심을 유도한다.

step 4 영아가 넘어지지 않고 스스로 걷는 데 성공하면 영아를 안아 준 뒤 칭찬해 준다.

step 5 영아가 걷는 데 점차 익숙해지면 도움을 줄여 가면서, 마주 보며 앉아 있는 주양육자와의 거리를 점점 멀게 한다.

step 6 영아가 주양육자에게 도착하기 전에 바닥에 주저앉으면 영아를 다시 세워서 걷게 한다.

step 7 이때 주양육자는 노래를 불러 주면서 영아가 흥미를 잃지 않도록 지지해 준다.

◎ 일상생활에서의 지도과정

가정에서 영아가 가구나 소파를 잡고 일어서서 놀이를 할 때 주양육자는 그 뒤에서 "이리 와, 안아 줄게." 하며 영아 스스로 걸어오도록 유도한다.

실외에서 끌차 또는 유모차를 밀면서 걷게 하는 것은 영아가 재미있게 걷기 연습을 하도록 돕는다.

◎ 고려사항

뇌성마비 영아의 경우는 걷더라도 불수의적인 움직임이나 경직성이 나타나서 바른 자세로 걷기가 힘들 수 있다. 이러한 영아는 격려해 주어 자신감을 갖고 걷도록 지도한다.

시각장애 영아의 경우는 혼자서 걷는 시기가 종종 지연되므로 이 활동을 할 때는 인내심을 가져야 한다. 예측이 가능하고 친숙한 놀이 공간에서 이 활동을 반복적으로 연습시키고 소리 나는 놀잇감을 사용하여 영아가 놀잇감을 잡기 위해 균형 있게 서서 넘어지지 않고 몇 발자국 앞으로 이동하도록 유도한다. 이때 영아가 손을 뻗으면 잡을 수 있는 정도의 거리에 놀잇감을 놓아 둔 후 소리가 나면 영아가 찾을 수 있는 단계에서 시작해 점차 거리를 늘려서 영아가 옆으로 손을 뻗거나 이동하면 놀잇감을 가질 수 있음을 알고 이러한 행동을 스스로 하도록 유도한다.

◦ 목표행동 성취기준

영아는 혼자서 1.5m 이상 걷는 행동을 하루 일과 중 최소 5회 이상 할 수 있다.

2. 목표행동

영아의 허리 아래 정도 높이의 가구 위에 올라간다.

◎ 목표행동 성취의 중요성

기어서 높이가 있는 곳에 올라가는 것은 팔과 다리, 골반과 허리 등 몸통 전체의 근육조절과 문제해결 능력을 향상시키는 발달과정이다.

◎ 자료

낮은 탁자나 소파, 영아가 좋아하는 놀잇감

◎ 목표행동 성취를 위한 단계적 지도과정

step 1 주양육자는 영아의 허리 아래 정도 높이의 가구 앞에 영아를 서 있게 한다.

step 2 주양육자는 영아가 좋아하는 놀잇감을 가구 위에 올려놓는다.

step 3 주양육자는 놀잇감을 흔들면서 "○○야, 이거 가지세요"라고 하며, 영아가 팔을 뻗었을 때 닿지 않는 위치에 놀잇감을 옮겨 놓는다.

step 4 영아가 가구 위에 오르는 것을 어려워하면 주양육자는 영아의 발을 손으로 받쳐 주어 올라가도록 도와준다.

step 5 주양육자는 영아가 발과 손을 교대로 이용하여 가구 위에 올라가 놀잇감을 잡으면 칭찬해 준다.

◎ 일상생활에서의 지도과정

주양육자는 베개와 이불을 적당한 높이로 쌓은 뒤 영아가 자유롭게 이불 위를 오르내리는 놀이를 하도록 유도한다. 이때 영아가 오르내리기 놀이에 흥미를 가질 수 있도록 주양육자는 뒤에서 쫓아가는 흉내를 내 준다.

◎ 고려사항

영아가 가구 위에서 미끄러지거나 넘어지는 경우를 대비하여 주양육자는 그 주위를 벗어나지 않도록 주의한다. 가구 위에 올라가는 과정에서 다치지 않도록 바닥에 부드러운 매트나 이불을 깔아 둔다.

시각장애 영아의 경우는 가구 위로 오르기를 지도하기 전에 가구의 모양과 높이에 대해 영아가 먼저 인식하도록 가구를 충분히 탐색할 수 있는 기회를 준다. 그다음 낮은 것에서 시작하여 가구의 높이를 점차 높게 하면서 가구 위에 소리 나는 놀잇감을 두고 영아가 가구 위에 올라가 놀잇감을 잡도록 유도한다.

◎ 목표행동 성취기준

영아는 안전하게 혼자서 가구 위로 올라가는 행동을 하루 일과 중 최소 5회 이상 할 수 있다.

3. 목표행동

도움 없이 편평한 바닥에서 똑바로 무릎을 꿇는다.

◎ 목표행동 성취의 중요성

무릎을 꿇는 자세를 취하는 것은 무릎으로 걷는 준비기술을 배우는 발달과정이며, 이는 양다리의 근육조절을 통한 발달을 안정적으로 돕는다.

◎ 자료

영아가 무릎으로 섰을 때 허리 높이까지 오는 가구(예: 낮은 탁자, 소파)

◎ 목표행동 성취를 위한 단계적 지도과정

step 1 주양육자는 영아를 바닥에 앉게 한다.

step 2 주양육자는 영아가 무릎을 꿇어야만 놀잇감을 잡을 수 있는 높이에 놀잇감을 제시한다.

step 3 주양육자는 영아에게 놀잇감을 흔들어 보이며 "○○야, 이거 가질래?"라고 말한다.

step 4 주양육자는 영아가 앉은 자세에서 무릎을 꿇고 놀잇감을 잡으면 칭찬해 준다.

◎ 일상생활에서의 지도과정

평상시 영아가 즐겨 놀이하는 것(예: 전화기, 책, 놀잇감 등)을 영아가 무릎을 꿇어야만 잡을 수 있는 높이에 진열해 둔다.

◎ 고려사항

영아가 주위 가구를 잡고 일어서거나 혼자 일어서기를 하면 자연스럽게 무릎 꿇기 자세를 관찰할 수 있으므로 올바른 자세를 취하도록 지도한다.

뇌성마비 영아의 경우는 탁자 모서리에 가슴을 기대지 않도록 하여 부상에 주의하고 무릎 밑에 담요를 깔아 주어 무릎에 압박이 가지 않도록 한다.

◎ 목표행동 성취기준

영아는 한 손으로는 가구를 잡고 다른 한 손으로는 놀거나 혹은 가슴을 가구에 대고 놀면서 무릎을 꿇는 자세를 취하는 행동을 하루 일과 중 최소 15회 이상 할 수 있다.

4. 목표행동

도움을 받아 계단을 오르내린다.

◎ 목표행동 성취의 중요성

계단 오르내리기는 두 발의 교대 움직임과 몸의 근육조절을 통해 균형감각을 향상시키는 발달과정이며, 이는 계단의 높이 차이를 지각할 수 있는 반사 조절 능력을 키움으로써 상황 대처 능력을 발달시킨다.

◎ 자료

낮고 짧은 계단(예: 영아를 위한 대근육 운동기구로서 낮고 부드러운 패드가 깔린 것)

◎ 목표행동 성취를 위한 단계적 지도과정

- **step 1** 주양육자는 낮고 짧은 계단(세 칸 정도의 계단) 앞에 영아를 세워 놓는다.
- **step 2** 주양육자는 계단 옆에 서서 영아의 한 손을 잡아 준다.
- **step 3** 주양육자는 가볍게 영아의 손을 잡아끌어 영아가 계단을 올라가게 도와준다.
- **step 4** 주양육자는 영아가 계단을 끝까지 올라가면 칭찬해 준다.
- **step 5** 주양육자는 내려올 때는 영아의 몸이 앞으로 쏠리지 않도록 손을 잡아 준다.
- **step 6** 주양육자는 다른 한 손으로는 영아의 엉덩이를 잡아 주며, 영아가 발을 내릴 때 몸도 따라서 앞으로 향하게 한다.
- **step 7** 영아가 계단 아래에 내려오면 주양육자는 영아를 안아 비행기 놀이를 해 주며 이 과정을 강화시킨다.

◎ 일상생활에서의 지도과정

계단에서 영아를 안아 옮기기보다는 영아가 계단을 오르내리는 것을 최대한 돕는다.

◎ 고려사항

계단을 올라갈 때보다 내려갈 때 몸이 앞으로 쏠려 위험할 수 있으므로 주의하며, 계단놀이를 무리하게 하지 않는다.

뇌성마비 영아의 경우는 한쪽 다리를 구부려 주어 영아가 주저앉지 않도록 주의한다.

시각장애 영아의 경우는 계단 오르내리기를 지도하기 전에 계단 모양에 대해 영아가 먼저 인식하도록 계단을 충분히 탐색할 수 있는 기회를 준다. 그다음 계단 수를 한 칸씩 차례로 늘려 가며 주양육자가 영아의 손을 잡고서 "올라 오세요." 혹은 "내려 가세요."라고 영아에게 지시하며 계단 오르내리기를 유도한다.

◎ 목표행동 성취기준

영아는 도움을 받아(한 손을 잡아 주어) 적어도 계단 3칸을 오르내리는 행동을 10회 시도 중 최소 8회 이상 할 수 있다.

5. 목표행동

침대에서 기어 내려온다.

◎ 목표행동 성취의 중요성

침대에서 기어 내려오기는 영아가 몸통의 회전(rotation)과 자세 전환을 수행할 수 있어야 가능한 발달과정이며, 높이에 대한 인식과 두려움이 생겨야 안전하게 내려올 수 있다.

◎ 자료

침대, 영아가 좋아하는 놀잇감

◎ 목표행동 성취를 위한 단계적 지도과정

step 1 주양육자는 침대 위에 영아를 안아서 엎드려 놓는다.

step 2 주양육자는 침대 위에서 영아가 자신이 좋아하는 놀잇감을 가지고 놀이할 수 있도록 배려한다.

step 3 영아가 놀잇감에 충분히 관심을 가지며 놀고 있을 때 주양육자는 놀잇감을 침대 밑에 내려놓는다.

step 4 주양육자는 "○○야, 여기 놀잇감 있네." 하며 영아의 관심을 유도한 뒤 영아가 내려오려고 할 때 영아의 다리를 한쪽씩 침대 밑으로 내리도록 도와준다.

step 5 주양육자는 영아의 양발이 모두 침대 아래로 내려지면 엉덩이와 몸을 내릴 수 있도록 도와준다.

step 6 주양육자는 영아가 침대 아래로 내려오면 놀잇감을 건네주어 놀이를 할 수 있도록 유도한다.

◎ 일상생활에서의 지도과정

가정에서 영아가 주양육자의 몸을 기어서 오르내리는 놀이를 시도한다. 주양육자는 한쪽 다리는 앞으로 뻗고 다른 한쪽 다리는 구부린 자세로 서서 영아와 마주보며 두 손을 잡는다. 주양육자의 앞으로 뻗은 다리 위를 영아가 오를 수 있도록 잡아끌어 준다. 2~3번 정도 오르는 데 성공했다면 다음에는 뒤쪽으로 내려가는 놀이를 해 본다.

◎ 고려사항

영아가 침대에서 내려오다가 뒤로 넘어질 수 있으므로 주양육자는 영아가 다치지 않도록 손으로 지지해 준다. 만약 영아가 내려오기 힘들어하면 안아서 내려달라는 요구를 하도록 지도한다.

뇌성마비 영아의 경우는 머리를 다치기 쉬우므로 헬멧을 착용하거나 바닥에 푹신한 담요를 깔아 둔다.

◎ 목표행동 성취기준

영아는 침대 위에서 다리를 먼저 내린 후 안전하게 뒤로 기어서 내려오는 행동을 10회 시도 중 최소 8회 이상 할 수 있다.

6. 목표행동

달리기 시작한다.

◎ 목표행동 성취의 중요성

달리기는 양하지의 근육 조절과 균형 잡기 능력을 향상시킨다.

◎ 자료

약간의 경사로가 있는 공간, 영아가 좋아하는 놀잇감

◎ 목표행동 성취를 위한 단계적 지도과정

step 1 주양육자는 영아를 약간의 경사로가 있는 공간에 세워 놓는다.

step 2 주양육자는 내리막길에서 영아의 양손을 잡고 "달리자… 다다다다다" 하며, 빠른 속도에 대한 균형감각 증진 훈련을 한다.

step 3 영아가 익숙해지면 주양육자는 영아의 한 손만 잡고 내리막길을 "달리자… 다다다다다" 하며 내려오는 연습을 한다.

step 4 한 손도 익숙해지면 주양육자는 영아의 1.5m 앞에서 마주 보고 서서 영아가 좋아하는 놀잇감을 흔들며 "○○야, 여기로 뛰어와." 하고 말한다.

◎ 일상생활에서의 지도과정

달리기를 시작할 때는 장애물이 없는 공간에서 영아가 자유롭게 뛸 수 있는 기회를 준다. 평소에 쫓기, 음악에 맞춰 활동하기, 공차고 쫓아가기 등을 활용하여 달리기 연습을 할 수 있다.

◎ 고려사항

영아는 다른 영아와 경쟁을 시키거나, 규칙을 따르게 하거나 또는 장비를 사용하게 할 경우 다칠 위험이 있으므로 주의한다.

뇌성마비 영아의 경우는 과도하게 경쟁을 하면 불수의적인 움직임으로 인해 쉽게 넘어지므로 심리적으로 안정감을 취하고 바닥이 평평한 곳에서 달리도록 배려한다. 특히 모래밭이나 울퉁불퉁한 흙길, 자갈길, 물이 고인 곳 등은 피한다.

시각장애 영아의 경우는 영아와 주양육자가 손을 잡고 걷는 것부터 시작한다. 점차 걷는 속도를 빠르게 하면서 영아가 빨리 걷는 것에 두려움을 느끼지 않도록 재미있는 소리를 내 주는 등 게임하듯이 즐겁게 지도한다.

◎ 목표행동 성취기준

영아는 넘어지지 않고 팔의 움직임이 거의 나타나지 않은 상태로 약 1.5~3m 정도 달리는 행동을 3일간 연속해서 할 수 있다.

06 월령: 19~24개월

1. 목표행동

자기가 원하는 무엇인가를 얻기 위해 의자나 물체 위에 기어오른다.

◎ 목표행동 성취의 중요성

원하는 것을 얻기 위해 기어오르는 것은 기기와 팔다리의 교대운동을 할 수 있어야 가능한 발달과정이며, 이는 문제 해결 능력과 반사 조절 능력을 향상시킨다.

◎ 자료

영아가 좋아하는 놀잇감, 기어오를 수 있는 낮은 가구(예: 의자, 소파)

◎ 목표행동 성취를 위한 단계적 지도과정

step 1 주양육자는 영아가 의자를 보고 서게 한 다음 좋아하는 놀잇감을 흔들어 보이며 의자 위에 올려놓는다.

step 2 영아가 의자 위에 있는 놀잇감을 집으려고 하면 주양육자는 놀잇감을 더 멀리(아니면 손이 닿을 만한 위치) 옮겨 놓는다.

step 3 영아가 기어오르는 것을 어려워하면 주양육자는 영아가 한쪽 다리를 올리도록 도와준다.

○ 일상생활에서의 지도과정

침대 모서리에 영아를 세워 놓은 뒤 주양육자는 침대 위에 올라가 영아에게 올라오라고 지시한다. 영아가 올라오려고 시도할 때 두 손을 침대 위에 짚고 발을 지지할 수 있도록 다른 주양육자는 손으로 영아의 발을 위쪽으로 밀어 준다.

영아가 좋아하는 음식물을 식탁 위에 올려놓은 뒤 영아가 의자 위로 올라갈 수 있도록 도와준다.

○ 고려사항

뇌성마비 영아의 경우는 바닥에 푹신한 것을 깔아 둔다.

시각장애 영아의 경우는 주양육자가 영아의 손발 위치를 잡아 주어 영아가 의자에 손을 짚고 기어오르는 것을 반복하게 한다. 주양육자는 영아가 한 손으로 의자를 만져 보며 의자의 위치를 파악할 수 있도록 도와준다. 기어오르는 행동이 익숙해져 자연스러워지면 "의자에 올라가 보자."라는 언어적 지시를 하면서 이에 따라 영아가 올라가도록 지도한다.

○ 목표행동 성취기준

영아는 의자나 물체에 기어올라 가 원하는 놀잇감을 잡는 행동을 하루 일과 중 최소 5회 이상 할 수 있다.

2. 목표행동

두 발을 모아 앞으로 뛴다(영아 한 걸음 정도).

◎ 목표행동 성취의 중요성

두 발 모아 앞으로 점프하기는 몸 전체의 근육 조절을 통한 균형 잡기와 공간에 대한 지각능력을 향상시킨다.

◎ 자료

훌라후프 5개 이상

◎ 목표행동 성취를 위한 단계적 지도과정

step 1 주양육자는 강당 바닥에 훌라후프를 5개 이상 펼쳐 놓는다.

step 2 주양육자는 '산토끼' 노래를 부르며 두 발을 모은 상태에서 훌라후프 안쪽과 바깥쪽으로 점프하는 시범을 보인다.

step 3 영아가 훌라후프 안으로 두 발을 모아 점프하는 것을 어려워하면 주양육자는 영아의 두 손을 잡고 마주 서서 함께 훌라후프 안으로 점프하는 연습을 한다.

◎ 일상생활에서의 지도과정

영아가 점프하는 동작에 익숙해질 때까지 침대 위에서 점프하는 연습을 시도한다. 이때 노래에 맞추어 영아의 손을 잡고 영아가 점프하게 하는데, 점프하는 동안 주양육자는 양손의 힘을 조절하여 영아가 힘껏 점프하도록 유도한다. 노래가 끝나면 영아를 안아 주고 위의 지도과정을 반복한다.

◎ 고려사항

균형감각이 떨어지거나 하체가 약한 영아는 점프하기와 혼자 걷기에 대한 두려움이 많고 주양육자에 대한 의존도가 높기 때문에 점프하는 것에 대한 즐거움을 먼저 알려 주어야 한다.

단계적 지도과정에서 바닥에서 점프하기보다는 높이 차이가 있는 곳에서 점프하는 것을 먼저 지도하는 것이 효과적이다.

점프하는 동작을 할 때 주위에 물건이 널려 있으면 걸려 넘어질 수 있으므로 점프하는 동작을 하기 전에 주위를 정리하고 연습을 할 수 있도록 한다.

뇌성마비 영아의 경우는 침대에서 뛰다가 자기 발에 걸려 넘어지기가 쉬우므로 발이 꼬이지 않도록 주의한다.

시각장애 영아의 경우는 두 발이 한꺼번에 땅에서 떨어지는 상황을 두려워할 수 있다. 따라서 주양육자는 트램폴린을 이용하여 영아의 손을 잡아 주며 놀이하듯 두 발로 점프하는 기술을 영아가 익히도록 도운 후, 앞으로 두 발 모아 점프하기 연습을 하게 한다.

◎ 목표행동 성취기준

영아는 주양육자의 점프하는 모습을 모방하여 두 발을 모아 앞으로 점프하는 행동을 10회 시도 중 최소 8회 이상 할 수 있다.

3. 목표행동

놀잇감을 줍기 위해 웅크려 앉는다.

◎ 목표행동 성취의 중요성

놀잇감을 줍기 위해 웅크려 앉는 것은 몸의 근력 조절과 균형 잡기가 이루어져야 가능한 발달과정이며, 이는 영아의 눈과 손의 협응능력을 향상시킨다.

◎ 자료

영아가 좋아하는 놀잇감(예: 움직이는 자동차)

◎ 목표행동 성취를 위한 단계적 지도과정

step 1 주양육자는 영아를 기댈 곳이 없는 방 중앙에 서 있도록 한다.

step 2 주양육자는 영아가 좋아하는 빨간색 자동차를 영아의 발 아래로 밀어 보낸 후 자신에게 다시 그것을 밀어 달라고 영아에게 지시한다.

step 3 영아가 바닥에 웅크리는 것을 어려워하면 주양육자는 영아의 한 손을 잡고 안정감 있게 웅크릴 수 있도록 도와준다.

◎ 일상생활에서의 지도과정

주양육자는 영아에게 놀잇감을 집어서 놀잇감 바구니에 넣어 달라고 하거나, 휴지를 주워 휴지통에 넣는 것을 도와 달라고 하거나 영아 앞에 있는 물건을 자신에게 가져다 달라고 심부름을 시킨다.

◎ 고려사항

놀잇감을 주울 때 몸의 균형이 앞이나 또는 뒤로 넘어가지 않도록 유의한다.

뇌성마비 영아의 경우는 영아의 등을 엄마에게 기대게 하고 다리는 벌어지지 않도록 주의하며 주양육자의 양손은 영아의 무릎에 대도록 하여 몸통과 다리를 안정시킨다.

시각장애 영아의 경우는 먼저 손으로 놀잇감의 위치를 확인할 수 있도록 만져 보게 한 뒤 놀잇감을 주우라고 지시한다. 혹은 발 옆에 소리 나는 놀잇감을 두어 영아가 놀잇감의 위치를 인식하고 몸을 웅크려 놀잇감을 줍도록 유도한다.

◎ 목표행동 성취기준

영아는 발바닥을 안정감 있게 지지한 상태에서 자연스럽게 웅크려 앉아 놀잇감을 줍는 행동을 하루 일과 중 최소 5회 이상 할 수 있다.

4.	목표행동
계단과 같은 낮은 곳에서 뛰어내린다.	

◎ 목표행동 성취의 중요성

낮은 곳에서 뛰어내리기는 몸 전체의 근육 조절을 통한 균형 잡기가 이루어져야 가능한 발달과정이며, 이는 공간에 대한 지각력과 순발력을 향상시킨다.

◎ 자료

계단, 매트

◎ 목표행동 성취를 위한 단계적 지도과정

step 1 주양육자는 계단이나 매트를 포개어 높이가 바닥과 한 계단 높이만큼 차이가 나도록 한 후 매트 위에 영아를 세워 놓는다.

step 2 주양육자는 영아의 가슴을 잡아 준다.

step 3 주양육자는 "깡총 뛰자." 하며 영아의 가슴을 끌어안아서 앞으로 뛰어내리도록 도와준다.

step 4 뛰어내리기에 성공하면 그다음 주양육자는 영아의 두 손을 잡고 영아가 뛰어내리도록 도와준다.

step 5 두 손을 잡고 뛰어내리기에 익숙해지면 주양육자는 도움을 줄여서 한 손만 잡은 채 영아가 뛰어내리도록 돕는다.

◎ 일상생활에서의 지도과정

주양육자는 평소 계단을 내려올 때 마지막 계단에서 영아의 손을 잡고 "깡총 뛰자." 하며 지시하고, 영아와 함께 뛰어내리거나, 주양육자가 먼저 뛰어내리는 시범을 보인다.

◎ 고려사항

영아는 두발 모아 뛰어내리기에 앞서 우선 높이 개념을 획득해야 하므로 낮은 곳보다는 높은 곳에서 양손을 잡고 도움을 주어 뛰어내리기를 하는 것이 좋다. 영아의 뛰어내리기를 도와줄 때 처음에는 가슴을 잡고 도와주며, 점차 익숙해지면 두 손, 다음에는 한 손으로 도움 정도를 줄여 나간다.

뛰어내리기 동작을 할 때 주위에 물건이 널려 있으면 걸려 넘어질 수 있으므로 미리 주위를 정리한 뒤 연습하도록 한다.

◎ 목표행동 성취기준

영아는 계단에서 두 발을 모아 앞으로 뛰어내리는 행동을 하루 일과 중 최소 5회 이상 할 수 있다.

5. 목표행동

공을 찬다.

◎ 목표행동 성취의 중요성

공차기는 한 발에 체중 이동 능력과 근육 조절, 균형 잡기 능력이 있어야 가능한 발달과정이며, 공에서 정확한 위치를 찼을 때에만 공이 앞으로 움직이므로 이는 문제해결 및 발과 눈의 협응력을 향상시킨다.

◎ 자료

분유통(한쪽으로만 굴러가는 통 종류), 큰 상자나 바구니, 신문지로 만든 공

◎ 목표행동 성취를 위한 단계적 지도과정

- step 1 주양육자는 한쪽으로만 굴러가는 분유통을 준비해 바닥에 놓는다.
- step 2 주양육자는 영아가 바닥에 있는 분유통을 건드릴 수 있도록 걷기를 유도한다.
- step 3 주양육자는 분유통을 '뻥' 하고 발로 차는 모습을 보여 준 후 영아의 한 손을 잡아 주고 영아가 한쪽 발로 분유통을 차도록 유도한다.
- step 4 주양육자는 점차 도움의 정도를 줄여 영아 스스로 분유통을 찰 수 있도록 영아 발 앞으로 분유통을 굴려 준다.
- step 5 주양육자는 영아가 신나는 음악을 들으며 분유통을 차도록 유도한다.

step 6 영아가 익숙해지면 주양육자는 빈 바구니나 큰 상자를 이용해 골대로 만든 후 분유통을 차서 넣는 활동으로 영아의 관심을 유도한다.

◎ 일상생활에서의 지도과정

플라스틱 물통이나 베개 같은 공 아닌 다른 물건도 발로 차는 연습을 해 본다. 바닥에 여러 개의 공을 놓아 두고 소집단의 영아와 공을 차고 쫓는 게임을 시도한다.

◎ 고려사항

공차기 초기 단계에는 둥근 공은 여러 방향으로 잘 굴러가 버려 영아가 쉽게 포기할 수 있으므로 한쪽으로만 굴러가는 통 종류나 신문지로 만든 공을 이용하는 것이 좋다.

뇌성마비 영아의 경우는 공을 차더라도 다시 줍는 일이 어려우므로 공을 끈에 연결한 다음 천장과 같은 높은 곳에 매달아 차도록 한다.

영아가 공을 차기보다는 공을 발로 건드리기만 하고 그것을 따라 걷는 것처럼 보일 수도 있는데, 특히 시각장애 영아의 경우는 주양육자가 손으로 영아의 발을 들어 공을 차는 시범을 몇 차례 실시한 후 공 차는 연습을 할 수 있도록 배려한다. 그리고 주양육자는 소리 나는 공을 사용하여 영아가 공을 차면 그것이 굴러가는 소리를 들을 수 있도록 도와준다. 이때 게임하듯 재미있는 분위기를 조성하여 영아가 공이 굴러가는 소리에 흥미를 느끼도록 함으로써 공 굴리는 행동을 영아 스스로 하도록 유도한다.

◎ 목표행동 성취기준

영아는 균형을 잃지 않고 공을 차는 행동을 하루 일과 중 최소 5회 이상 할 수 있다.

6. 목표행동

미끄럼틀 계단에 올라간 후 다시 내려온다.

◎ 목표행동 성취의 중요성

계단 오르내리기는 대근육 운동과 걷기, 발을 교대로 하여 균형을 잡고 걷는 능력을 향상시킨다.

◎ 자료

높지 않은 높이의 실내용 미끄럼틀

◎ 목표행동 성취를 위한 단계적 지도과정

- step 1 주양육자는 실내용 미끄럼틀에서 미끄럼 타는 모습을 영아에게 보여준다.
- step 2 주양육자는 영아에게 "○○야, 우리 미끄럼틀 타 볼까?"라고 물어본다.
- step 3 주양육자는 영아가 계단 손잡이를 잡거나 계단을 기어올라 갈 수 있도록 도와준다.
- step 4 주양육자는 영아와 함께 미끄럼틀 위에 올라가 앉은 후 무릎 위에 영아를 앉힌다.
- step 5 주양육자는 영아와 미끄럼틀을 함께 타며 이 행동이 익숙해지도록 반복한다.
- step 6 영아가 익숙해지면 주양육자는 미끄럼틀 아래에서 손을 양옆으로 벌려 영아가 혼자서 내려오도록 유도한다.

◎ 일상생활에서의 지도과정

평소 난간이 있는 계단을 오를 때 영아 스스로 난간을 잡고 오를 수 있도록 지도한다.

실외놀이터 이용 시 주양육자는 영아를 안고 미끄럼틀 타는 활동을 반복한다.

◎ 고려사항

미끄럼틀이 끝나는 부분에 부드러운 매트를 깔아 주어 영아가 내려왔을 때 바닥에 엉덩이를 부딪히지 않도록 배려한다.

영아가 미끄럼틀을 혼자 탈 때 너무 세게 내려가면 바닥에서 미끄러져 다칠 수 있으므로 주양육자는 안전에 주의한다.

시각장애 영아의 경우는 처음에는 주양육자가 영아의 손을 잡고 같이 계단을 올라가고 함께 미끄럼을 타는 활동을 하며 영아가 이 활동에 흥미를 느끼도록 함으로써 영아 스스로 미끄럼을 타도록 유도한다.

◎ 목표행동 성취기준

영아는 계단을 올라 미끄럼틀을 타고 내려오는 행동을 하루 일과 중 최소 5회 이상 할 수 있다.

7. 목표행동

발끝(까치발)으로 선다.

◎ 목표행동 성취의 중요성

발끝으로 서기는 몸의 근육 조절과 균형이 잡혀야 가능한 발달과정이다.

◎ 자료

놀잇감이나 과자가 걸려 있는 모빌, 줄을 잡아당길 때 소리가 나는 모빌

◎ 목표행동 성취를 위한 단계적 지도과정

step 1 주양육자는 영아와 마주 보고 서서 영아의 발가락을 바닥에서 떨어지지 않도록 발가락으로 살짝 밟은 후 영아의 두 손을 잡고 45도 앞-위쪽 방향으로 끌어당겨 발끝으로 서는 연습을 시킨다.

step 2 영아가 두 손을 잡고 안정감 있게 발끝으로 설 수 있으면 주양육자는 영아가 한 손만 잡고도 발끝으로 설 수 있도록 지도한다.

step 3 주양육자는 놀잇감이나 과자가 걸려 있는 모빌을 영아 앞에 설치한 뒤(영아가 까치발로 서야만 잡을 수 있는 높이) 영아에게 그것을 손으로 잡으라고 지시한다.

step 4 영아가 잡기 어려워하면 주양육자는 영아의 엉덩이를 잡아 균형을 잡도록 도와줌으로써 영아가 모빌에 걸려 있는 놀잇감이나 과자를 잡도

록 유도한다.

step 5 영아가 발끝으로 서서 놀잇감을 잡으면 칭찬해 주며 계속해서 놀이를 할 수 있도록 지도한다.

◎ 일상생활에서의 지도과정

영아는 자신이 원하는 놀잇감이나 물건이 있으면 손으로 잡으려고 하는데, 이때 물건을 영아가 발끝으로 섰을 때에만 잡을 수 있는 위치에 놓은 다음 영아가 스스로 그것을 잡도록 지도한다. 보통 책장의 적당한 칸에 물건을 놓으면 손쉽게 높이를 맞출 수 있다.

◎ 고려사항

영아가 발끝으로 하는 활동을 너무 장시간 하지 않도록 주의한다.

다리의 정렬이 좋지 않은 영아의 경우(하지마비나 다운증후군 영아 등 저긴장 영아에게 나타나는 증상으로 다리의 뼈가 바르게 나열되지 않은 것을 의미함)는 발끝 서기를 유도하게 되면 다리 상태가 더 악화될 수 있으므로 주의한다. 전신 근육 조절이나 균형력 향상과 같이 자신의 몸을 자유롭게 움직일 수 있도록 연습을 해야 한다면 영아의 전체 발가락과 발의 앞쪽이 안정적으로 바닥에 닿을 수 있도록 주양육자가 처음에 영아의 발가락을 살짝 밟아 고정시킨 후 연습시킨다.

뇌성마비 영아의 경우는 오히려 발끝으로 서는 것이 영아의 상태를 더 악화시킬 수 있으므로 이러한 영아는 발끝 서기를 지도하지 않도록 한다.

시각장애 영아의 경우는 과자가 걸린 모빌에 방울을 달아 손을 뻗으면 과자를 잡을 수 있는 높이에 모빌을 두고 영아가 방울 소리를 듣고 손을 뻗어 과자를 따먹는 놀이를 하게 한다. 이후 점차 높이를 올려서 영아가 발끝으로 서서 과자를 따 먹도록 유도한다.

◎ 목표행동 성취기준

영아는 발끝으로 서서 물건을 잡는 행동을 하루 일과 중 최소 5회 이상 할 수 있다.

8. 목표행동

한 손을 잡아 주면 한 발로 선다.

◎ 목표행동 성취의 중요성

한 발로 서기는 체중의 이동 능력과 몸의 근육 조절을 이용해 균형감각을 높이는 데 중요한 역할을 한다.

◎ 자료

영아가 좋아하는 음악, 유니바

◎ 목표행동 성취를 위한 단계적 지도과정

step 1 주양육자는 3~5개의 유니바를 1m 간격으로 한 개씩 일렬로 준비한다.

step 2 주양육자는 영아의 한 손을 잡고 유니바 앞에 선다.

step 3 주양육자는 영아와 함께 한 발을 올려 유니바를 넘는다.

step 4 영아가 한 개의 유니바를 넘는 데 성공하면 그다음에는 유니바 2개를 올린 후 그 위를 한 발로 서서 넘을 수 있도록 지도한다.

◎ 일상생활에서의 지도과정

영아가 옷을 입을 때나 벗을 때, 영아가 서 있을 때 앉아 있는 주양육자의 어깨를 잡고 영아가 다리를 들어 올릴 수 있도록 돕는다.

주양육자는 영아가 신발을 신을 때 영아의 발을 들어 주어 한 발로 서는 것이 익숙해지도록 지도한다.

◎ 고려사항

한 발로 서는 연습을 할 때 미끄러지지 않도록 영아가 양말을 벗고 연습하도록 지도한다.

◎ 목표행동 성취기준

영아는 주양육자가 손을 잡아 주면 바닥에서 한 발을 떼서 그 발을 들어 올린 상태로 2~3초 동안 유지하는 행동을 10회 시도 중 최소 8회 이상 할 수 있다.

07 월령: 25~30개월

1. 목표행동

일직선으로 걷는다.

◎ 목표행동 성취의 중요성

일직선으로 걷기는 상체와 다리의 근육조직을 이용한 균형 감각의 발달이 이루어져야 가능한 기술이며, 이는 방향감각을 향상시키는 데 영향을 미친다.

◎ 자료

색 테이프 또는 시트지, 작은북, 의자, 모자, 인형

◎ 목표행동 성취를 위한 단계적 지도과정

step 1 주양육자는 신체놀이 시간에 영아가 또래 영아와 함께 재질과 색이 다른 다양한 선을 따라 걸어 보게 한다.

step 2 주양육자는 대근육 놀이실 바닥에 폭 20cm, 길이 1~1.5m 정도의 색 테이프를 붙여 고정시킨다.

step 3 주양육자는 색 테이프 한쪽 끝에 의자를 놓고 그 의자 위에 모자를 올려놓는다.

step 4 주양육자는 색 테이프 길을 따라 걸어가서 의자 위에 있는 모자를 쓰는 시범을 영아에게 보인다.

step 5 주양육자는 영아가 인형을 안고 색 테이프 위를 걸어 의자를 향해서 중심을 잡고 걸어가 모자를 인형에게 씌워 주도록 지도한다.

step 6 주양육자는 영아가 색 테이프를 벗어나서 걸어가더라도 격려해 주어 끝까지 하도록 유도한다.

◎ 일상생활에서의 지도과정

실외에서 주차선, 보도블록 선 따라 걷기를 지도한다.

교육기관에서 대근육 활동을 할 수 있는 놀이실에 색 테이프를 바닥에 일직선으로 붙여 놓는다. 북소리에 맞춰 걸어 보거나 주양육자의 목소리 변화에 따라 일직선 위를 걷게 한다.

◎ 고려사항

주위에 영아가 좋아하는 물건이나 놀잇감이 널려 있으면 일직선으로 걷다가 경로를 이탈할 수 있으므로 영아를 산만하게 할 만한 것은 미리 치워 둔다.

뇌성마비 영아의 경우는 일직선으로 걷기가 매우 어려우므로 일직선보다는 공간이 있는 면을 따라 걷기 등으로 수정하여 걷게 한다.

시각장애 영아의 경우는 촉감판 따라 걷기를 통해 일직선으로 걷는 연습을 하게 하고 영아가 밟는 판의 넓이를 점차 좁혀서 도움을 줄여도 일직선으로 걷도록 유도한다.

◎ 목표행동 성취기준

영아는 지시된 방향을 따라 1.5m 정도를 일직선으로 걷는 행동을 10회 시도 중 최소 8회 이상 할 수 있다.

2. 목표행동

계단에서 주양육자의 손을 잡거나 난간을 잡고 계단 하나에 한 발씩 발을 바꾸어 가며 오르내린다.

◎ 목표행동 성취의 중요성

균형 있게 계단을 오르는 것은 다리 근육을 강화시키는 중요한 기술이며, 교대로 발을 이동함으로써 균형 잡기 능력을 향상시킬 수 있다.

◎ 자료

계단, 교차되는 발바닥 그림 자료

◎ 목표행동 성취를 위한 단계적 지도과정

step 1 주양육자는 영아와 함께 교차되는 발바닥 그림 자료를 붙인 평지에서 발을 바꾸어 가며 걷는 연습을 한다. 이때 사전에 영아에게 발바닥 그림 자료를 인지시킨 후 계단에서 우선 연습하게 하는 것이 좋다.

step 2 주양육자는 영아의 한 손은 자신이 잡고 영아의 다른 한 손은 난간을 잡게 한 다음 교차되는 발바닥 그림을 따라 "계단에 올라가자."라고 말한다.

step 3 주양육자는 영아가 첫 계단에 한쪽 다리를 올려놓고 난간을 잡게 한 다음 발을 번갈아 가며 계단을 올라가도록 지도한다.

step 4 이때 계단 바닥에도 발자국 모양을 붙여 주면 영아가 더욱 흥미를 가지고 계단을 오르내릴 수 있다.

◎ 일상생활에서의 지도과정

계단을 오를 때 수를 세거나, 또는 내려올 때 계단의 마지막 층에서 영아를 안아서 내려놓음으로써 영아가 계단을 오르내리는 활동에 흥미를 가지게 한다.

계단이 있는 교육기관에서 바깥 놀이터로 이동할 때 교사는 영아와 함께 계단을 이용한다.

영아에게 "어떤 노래를 불러 볼까?" 하며 영아가 노래를 직접 선택하게 한 다음 주양육자와 함께 노래를 부르면서 계단을 오르내리게 한다.

비상구에 표시되어 있는 화살표 방향을 보면서 영아가 계단을 내려가게 한다.

◎ 고려사항

영아가 계단 내려가는 것을 어려워하면 낮은 높이의 계단 마지막 한두 개부터 시작해 점차 계단 수를 늘려 간다.

다운증후군 및 발달지체 영아의 경우는 소뇌발달이 미숙해 운동발달 초기에 몸의 균형을 잡는 데 대부분 어려움이 있고, 특히 계단을 안정적으로 내려오는 데 장기간 어려움을 보인다. 발을 번갈아 계단을 내려오는 것은 올라가는 것보다 더 늦게 이루어지므로 이러한 발달과정을 제대로 이해하여 천천히 안전하게 지도한다.

시각장애 영아의 경우는 계단을 오르내릴 때 계단이 몇 개 있는지 미리 알려 준 후 위에서 제시한 방법으로 영아가 계단을 오르내리도록 지도한다.

◎ 목표행동 성취기준

영아는 난간이나 주양육자의 손을 잡고 한 발씩 발을 바꾸어 가며 계단을 오르내리는 행동을 하루 일과 중 5회 이상 할 수 있다.

3. 목표행동

넘어지지 않고 5~6걸음 정도 뒤로 걷는다.

◎ 목표행동 성취의 중요성

뒤로 걷기는 척추를 강화시키며 균형감각을 발달시킨다. 특히 신체 앞부분에 쏠려 있는 발목, 다리 근육, 인대 근육 외의 근육을 균형 있게 발달시킨다.

◎ 자료

3m 정도의 터널(영아가 서서 걸을 수 있는 높이로 비닐이나 천으로 만들어진 것), 푹신한 매트, 신나는 음악

◎ 목표행동 성취를 위한 단계적 지도과정

step 1 주양육자는 영아가 서서 걸을 수 있는 높이의 터널을 준비하고 바닥에는 푹신한 매트를 깔아 둔다.

step 2 터널의 앞뒤를 두 명의 주양육자가 잡아 준 뒤 신나는 음악을 틀어 준다.

step 3 먼저 주양육자가 터널 안을 들어간 뒤 영아에게 따라서 들어오라고 지시한다.

step 4 영아가 터널 안으로 들어가 걸으면 그 뒤를 주양육자가 기어가 쫓는 놀이를 한다.

step 5 영아가 터널 안으로 걷는 것에 익숙해지면 이번에는 영아가 걸어가는 앞 방향에서 주양육자가 기어서 들어온다.

step 6 "○○, 잡아 보자!" 하며 주양육자가 다가가면 영아는 방향을 바꾸기 어려워 뒷걸음질을 하게 된다.

◎ 일상생활에서의 지도과정

영아의 뒤로 걷기가 자연스럽게 이루어지면 게처럼 옆으로 걷는 놀이를 해 본다.

영아와 손을 잡고 마주 서서 주양육자는 발을 내밀면서 영아의 발끝을 건드려 영아가 자신의 발을 뒤로 빼게 한다. 영아가 움직일 때마다 "뒤로 뒤로"라고 말한다.

영아와 함께 '우리집에 왜 왔니?' 노래에 맞춰서 뒤로 걷기 활동을 한다. 양육자가 영아에게 "우리집에 왜 왔니 왜 왔니 왜 왔니?"라고 노래를 부르면서 앞으로 가면 영아는 자연스럽게 뒷걸음질을 한다.

◎ 고려사항

뒤로 걸을 때는 시야 확보가 어려워 넘어질 수 있으니 주양육자는 영아의 옆에서 주의 깊게 살피며, 주위에 부딪힐 만한 물건은 미리 치워 둔다.

스스로 걷기가 어려운 뇌성마비 영아의 경우는 워커를 이용해 뒤로 걷는 연습을 시도해 본다.

시각장애 영아의 경우는 뒤로 걸어 보자고 영아에게 이야기한 후 주양육자가 영아의 손을 잡고 뒤로 걷는 연습을 해 본다. 이때 영아의 등 뒤에서 지속적으로 소리를 들려주어 영아가 이동할 방향을 인식하도록 돕는다.

◎ 목표행동 성취기준

영아는 놀이를 하면서 5~6걸음 뒤로 걷는 행동을 하루 일과 중 최소 5회 이상 할 수 있다.

4. 목표행동

어설프더라도 넘어지지 않고 뒤로 점프한다.

◎ 목표행동 성취의 중요성

뒤로 점프하기는 앞으로 점프하기에 활용되는 근육과는 다른 근육을 균형 있게 발달시키며, 위로 점프하기와 근육조절, 그리고 균형 잡기를 향상시킨다

◎ 자료

탁 트인 공간, 신나는 음악

◎ 목표행동 성취를 위한 단계적 지도과정

- step 1 주양육자는 영아와 마주 서서 두 손을 잡는다.
- step 2 주양육자는 영아와 함께 신나는 음악에 맞춰 앞으로 뒤로 옆으로 춤을 춘다.
- step 3 주양육자는 영아의 손을 잡고 점프를 하며 조금씩 위치를 움직이는 놀이를 한다.
- step 4 다음에는 영아와 나란히 서서 한 손만 잡고 점프하는 놀이를 한다.
- step 5 주양육자는 영아의 손을 잡고 앞으로 점프하거나 뒤로 점프한다.
- step 6 점차 주양육자의 도움 정도를 줄여 나간다.

◎ 일상생활에서의 지도과정

점프 활동은 상상놀이 또는 활동적인 음악 게임에 쉽게 통합시킬 수 있으며, 특정 사물이 있는 곳까지 뒤로 점프하는 연습을 한다(예: 모래 상자까지, 의자 있는 곳까지). 영아가 잘 점프할 때 칭찬해 준다.

◎ 고려사항

영아가 뒤로 점프하다가 부딪힐 만한 것은 미리 치워 둔다.

뇌성마비 영아의 경우는 주양육자가 영아의 두 손을 잡아 주어 영아가 주양육자에게 기대도록 한 후 점프 연습을 많이 시킨다.

◎ 목표행동 성취기준

영아는 동시에 두 발을 바닥에서 떼서 한두 번 정도 뒤로 점프하는 행동을 하루 일과 중 5회 이상 할 수 있다.

5. 목표행동

1~5초 동안 도움 없이 한 발로 선다.

◎ 목표행동 성취의 중요성

한 발로 서기는 체중 이동 능력 및 상체와 다리 근육 조절을 통한 균형 잡기 능력을 높이는 데 중요한 역할을 한다.

◎ 자료

지름 30cm 정도의 공, 음악(예: '그대로 멈춰라' '나처럼 해봐요')

◎ 목표행동 성취를 위한 단계적 지도과정

step 1 주양육자는 '그대로 멈춰라'("즐겁게 춤을 추다가 그대로 멈춰라") 또는 '나처럼 해봐요'("나처럼 해봐요 이렇게") 등의 노래를 부르거나 노래에 맞추어 게임을 하면서 한 발로 서는 동작을 시범 보인다.

step 2 주양육자는 영아의 한 손을 잡고 노래를 부르며 한 발로 서는 동작을 함께 해 본다.

step 3 주양육자는 영아가 발을 바꿔 가며 한 발로 서는 동작을 연습하게 한다.

step 4 영아가 잘 따라 하면 주양육자는 영아의 손을 놓는다.

step 5 영아와 함께 '나처럼 해봐요' 노래에 맞춰 춤을 추다가 양육자가 한 발로 서는 시범을 보인다. 영아는 자연스럽게 양육자처럼 한 발로 서는 활동을 한다.

◎ 일상생활에서의 지도과정

바지 등 옷을 벗거나 입을 때, 신발과 양말 등을 신을 때 영아가 발을 들어 올리게 한다.

◎ 고려사항

일반적으로 대근육 활동은 자발적으로 연습하지 않는다. 그러므로 놀이 활동 중에 게임 등으로 포함시켜 연습시키는 것이 좋다.

스스로 서기가 어려운 뇌성마비 영아의 경우는 워커에 윗몸을 기대고 한 발로 서는 연습을 하게 한다.

시각장애 영아의 경우는 주양육자가 한 발로 서는 시범을 보일 때 영아가 주양육자의 몸을 만져 보게 하여 한 발만 땅에 딛고, 다른 한 발은 들고 서는 자세를 인식하도록 돕는다. 영아의 손을 잡아 영아가 균형 잡고 서도록 해 주고 한 발로 서기 연습을 하게 한다.

◎ 목표행동 성취기준

영아는 안정적인 자세로 1~5초 동안 한 발로 서는 행동을 10회 시도 중 최소 8회 이상 할 수 있다.

6. 목표행동

세발자전거 페달을 발로 두 번 정도 돌려서 앞으로 나간다.

◎ 목표행동 성취의 중요성

자전거 타기는 페달을 발로 밟아서 앞으로 나가게 하는 근육이 협응되어야 가능한 발달과정이며, 이는 거리감을 인지하고 근육을 조절하는 데 도움을 준다.

◎ 자료

세발자전거

◎ 목표행동 성취를 위한 단계적 지도과정

step 1 영아를 세발자전거에 앉히고 페달 위에 발을 올려놓게 한다.

step 2 영아의 발이 자전거 페달에 닿지 않으면 페달에 블록을 덧붙여 높이거나, 페달에 고리가 달려 있으면 꽉 조인다.

step 3 주양육자는 세발자전거 뒤에서 영아를 밀어 준다.

step 4 영아가 자전거 타기에 익숙해지면 주양육자는 차츰 도움 정도를 줄여 나간다.

step 5 주양육자는 영아가 탄 자전거 앞에 양팔을 벌리고 떨어져 서서 영아가 스스로 자전거를 타고 다가오도록 유도한다.

◦ 일상생활에서의 지도과정

세발자전거를 탈 때 주양육자가 뒤에서 밀거나 끄는 동안 영아는 계속해서 양발을 페달 위에 올려 둔다. 또는 약간 경사진 곳에서 자전거를 탈 수 있도록 지도하면 영아는 크게 힘들이지 않고 자전거를 탈 수 있다.

교육기관 야외활동 시간에 영아가 세발자전거를 탈 때 교사는 '자전거'("따르릉 따르릉 비켜나세요") 노래를 부르면서 뒤에서 밀어 준다. 연습을 하다가 영아가 자전거 타는 것에 익숙해지면 물건을 배달하는 역할놀이로 확장시켜 준다.

◦ 고려사항

경사진 곳에서 자전거를 탈 때 자전거가 앞으로 쏠려 영아가 다칠 수 있으므로 주의한다.

페달 위에 발을 올리기 어려운 뇌성마비 영아의 경우는 발목을 페달에 묶어 고정해 줌으로써 영아가 페달 돌리는 힘을 느끼게 해 준다.

시각장애 영아의 경우는 세발자전거를 줄로 묶어 끌어 줌으로써 영아가 페달을 돌리는 데만 주의를 기울이게 한다.

◦ 목표행동 성취기준

영아는 세발자전거를 탔을 때 발로 두 번 정도 돌려서 앞으로 나가는 행동을 일주일에 최소 5회 이상 할 수 있다.

7. 목표행동

공을 굴리고, 차고, 던지고, 앞뒤로 차면서 초기 공놀이를 한다.

○ 목표행동 성취의 중요성

공을 던지고 받는 것은 영아기 초기의 기초 놀이기술 중 하나이며, 근력, 손과 눈-발의 협응, 팔뻗기, 역동적 균형, 공간 개념 알기 등 다양한 기능이 포함되는 활동이다. 또한 공을 서로 주고받는 것은 영아에게 사회적 상호작용을 촉진시킨다.

○ 자료

지름 20cm짜리 공(예: 탱탱볼)

○ 목표행동 성취를 위한 단계적 지도과정

step 1 주양육자는 영아가 공을 가지고 놀이를 하는 방식을 알아보기 위해 우선 관찰한다.

step 2 공을 처음 던지는 영아는 공을 앞으로 또는 아래로 던지고, 그 후 영아는 아래에서 위로 던지는 것을 배우고 난 다음에 머리 위로 손을 올리는 것을 배우게 되면서 더 멀리 던질 수 있게 된다.

step 3 주양육자는 영아와 마주 서서 시범을 보이며 영아가 공을 굴리고, 차고, 던지고, 앞뒤로 차며 따라 할 수 있도록 지도한다.

○ 일상생활에서의 지도과정

교육기관에서 집단 활동을 하면서 모든 영아가 참여하도록 한다. 바닥에 여러 개의 공을 한꺼번에 놓아 둔다. 공을 처음 차는 영아의 경우는 공을 차고 쫓아가는 게임을 한다. 영아를 격려해 주면서 공을 더 멀리 차게 한다.

◎ 고려사항

발로 공을 차기 어려운 뇌성마비 영아의 경우는 손이나 다른 신체로 공을 차도록 해 주는데, 이때 고정된 곳에 고무 끈으로 공을 연결하여 영아가 공을 차더라도 공이 멀리 가지 않게 배려한다.

시각장애 영아의 경우는 색이 밝거나 소리가 나는 공을 사용하여 공놀이를 가르칠 수 있다. 이들 영아에게 기본적인 공 던지기와 공 잡는 기술을 가르치기 위해서는 더 많은 신체 도움(주양육자가 영아의 뒤에서 두 손을 잡고 함께 공을 잡고 던지기)을 주어야 하며, 이들이 소리에 더욱 주의를 기울이도록 가르쳐야 한다. 그러므로 처음에는 소리 나는 공을 사용하여 바닥에 다리를 벌리고 앉아 굴리기, 던지기, 잡기 연습을 시키다가 익숙해지면 서서 굴리기, 던지기, 잡기를 할 수 있도록 연습시킨다. 전혀 보이지 않는 영아의 경우는 던지기, 잡기, 차기를 배울 수 있도록 신체적 도움과 함께 언어적 설명(공놀이 활동마다 영아에게 설명해 주기)을 해 준다.

◎ 목표행동 성취기준

영아는 공을 굴리고, 차고, 던지고, 앞뒤로 차는 것과 같은 초기 공놀이를 하는 행동을 일주일에 최소 5회 이상 할 수 있다.

8. 목표행동

15cm 정도 높이의 평균대 위를 주양육자의 손을 잡고 걷는다.

◎ 목표행동 성취의 중요성

평균대 위를 걷는 것은 상체와 다리의 균형감을 발달시킨다. 영아가 상체와 다리의 근육조직이 약하면 균형 기술을 발달시키는 데 많은 시간이 소요된다.

◎ 자료

평균대(높이 15cm, 폭 10cm, 길이 2.5m), 베개 또는 책

◎ 목표행동 성취를 위한 단계적 지도과정

step 1 영아가 평균대 위에 올라가면 주양육자는 평균대 밑에서 영아의 손을 잡고 걷기 시작한다.

step 2 처음에는 주양육자가 영아 앞에 서서 영아의 두 손을 잡고 걷도록 하며, 영아가 점차 익숙해지면 한 손만 잡고 평균대를 걷도록 지도한다.

step 3 주양육자는 영아가 평균대 위에서의 이동 요령에 익숙해질 때까지 평균대 위에서 걷는 연습을 충분히 하게 한다.

◎ 일상생활에서의 지도과정

가정에서 베개나 책을 일렬로 놓은 다음 영아가 그 위를 걷도록 연습시킨다.

◎ 고려사항

영아는 높이에 대한 두려움 때문에 넘어질 수 있으므로 안전을 위해 평균대 주위에 매트리스를 깔아 둔다.

시각장애 영아의 경우는 주양육자 한 명이 영아의 두 손을 앞에서 잡아 주고,

또 다른 주양육자 한 명은 영아의 한 발을 앞으로 이동시켜 발을 디뎌야 하는 곳을 알려 주며 앞으로 걷는 연습을 시킨다. 이것이 익숙해지면 주양육자는 영아의 손만 잡아 준 상태에서 영아가 평균대 위에서 걷기 연습을 하게 하고 이후 혼자 평균대를 걸을 수 있도록 지도한다.

◎ 목표행동 성취기준

영아는 균형을 유지하며 평균대 위에서 주양육자의 손을 잡고 걷는 행동을 일주일에 최소 5회 이상 할 수 있다.

08 월령: 31~36개월

1. 목표행동

높이 10cm 문지방 정도의 장애물을 뛰어넘는다.

◎ 목표행동 성취의 중요성

장애물을 뛰어넘는 것은 엉덩이와 무릎, 발목, 등쪽의 근력 조절 능력을 키우며, 균형잡기 능력을 향상시킨다. 또한 영아는 눈과 발의 협응을 통해 장애물이라는 문제를 해결한다.

◎ 자료

10cm 정도의 문지방(또는 장애물), 블록, 푹신한 매트

◎ 목표행동 성취를 위한 단계적 지도과정

step 1 주양육자는 영아가 장애물을 뛰어넘기 전에 먼저 바닥 위에 그어 놓은 선부터 넘도록 지도한다.

step 2 주양육자는 영아가 선 넘기에 어느 정도 익숙해지면 줄을 뛰어넘는 등 점차 장애물의 높이를 높여 나간다.

step 3 처음 10cm 높이의 장애물을 넘을 때 영아가 어려워하면 주양육자는 영아의 손을 잡아 주어 쉽게 넘도록 돕는다.

step 4 '하나, 둘, 셋' 소리 또는 호루라기 소리에 맞춰서 영아가 줄(블록)을 뛰어넘을 수 있도록 지도한다.

step 5 영아의 활동 성취에 따라 주양육자는 영아를 잡은 손의 지지 정도를 점차 줄여 나간다.

◎ 일상생활에서의 지도과정

영아가 뛰어넘을 수 있는 다양한 물건이 포함된 장애물 코스를 만든다. 음악에 맞춰 코스를 돌며 장애물을 넘는 놀이를 한다.

◎ 고려사항

영아가 혼자 장애물을 뛰어넘을 경우 걸려서 넘어질 수 있으므로 주위에 부딪혀 다칠 만한 물건은 미리 치워 둔다. 또한 안전을 위해 매트리스를 깔아 둔다.

시각장애 영아의 경우는 고무줄을 사용하여 연습한다. 한 발을 높이 들어 줄을 넘고, 다른 발도 높이 들어 줄을 넘도록 주양육자가 영아의 발을 잡고 신체 도움을 제공하여 장애물 뛰어넘기 연습을 한다. 고무줄은 바닥 위에서부터 차츰 높이를 높여 가며 연습을 실시한다.

◦ 목표행동 성취기준

영아는 넘어지지 않고 10cm 장애물을 뛰어넘으며 두 발로 착지하는 행동을 10회 시도 중 최소 8회 이상 할 수 있다.

2. 목표행동

15cm 정도 높이의 평균대 위를 혼자서 걷는다.

◦ 목표행동 성취의 중요성

영아의 상체와 다리 근육조직이 약하면 균형 기술을 발달시키는 데 많은 시간이 소요된다. 평균대 걷기는 몸 전체의 근육조절을 향상시켜 균형감을 발달시킨다.

◦ 자료

평균대(높이 15cm, 폭 10cm, 길이 2.5m)

◎ 목표행동 성취를 위한 단계적 지도과정

step 1 주양육자는 평균대 위에 영아가 올라가면 균형을 잡기 위해 두 팔을 옆으로 벌리고 시작하도록 지도한다.

step 2 영아 혼자서 평균대 걷기를 어려워하면 주양육자는 영아의 손을 잡고 평균대 옆에서 함께 걸어 준다.

step 3 주양육자는 영아의 한 손을 잡고 평균대 걷기 연습을 한 후 영아가 점차 익숙해지면 영아의 평균대 걷는 정도에 따라 잘하면 손을 놓았다가 넘어질 것 같으면 다시 손을 잡았다를 반복하며 걷는다.

step 4 주양육자는 영아가 평균대 위에서의 정확한 이동 요령에 익숙해질 때까지 평균대 위에서 걷는 연습을 충분히 하게 한다.

step 5 주양육자는 점차 도움을 줄여 나간다.

◎ 일상생활에서의 지도과정

영아 머리 위에 팥주머니를 올려놓은 채 걷게 한다. 이는 영아의 몸과 머리를 바르게 세우고 균형을 잡는 데 도움을 준다.

◎ 고려사항

영아는 높이에 대한 두려움 때문에 넘어질 수 있으므로 안전을 위해 평균대 주위에 매트리스를 깔아 둔다.

뇌성마비 영아의 경우는 1~2cm 정도의 높이에서 먼저 연습을 하게 한 후 점차 높여 간다. 대부분의 뇌성마비 영아는 높이가 있는 평균대를 일직선으로 걷는 데 어려움을 느끼므로 영아가 할 수 있는지 우선 살펴본 후 훈련을 실시한다.

시각장애 영아의 경우는 주양육자 한 명이 영아의 두 손을 앞에서 잡아 주고, 또 다른 주양육자 한 명은 영아의 한 발을 앞으로 이동시켜 발을 디뎌야 하는 곳을 알려 주며 앞으로 걷는 연습을 시킨다. 이것이 익숙해지면 주양육자는 영아의 손만 잡아 준 상태에서 영아가 평균대 위에서 걷기 연습을 하게 하고 이후 혼자 평균대를 걸을 수 있도록 지도한다.

◎ 목표행동 성취기준

영아는 균형을 유지하며 평균대 위에서 떨어지지 않고 혼자서 걷는 행동을 10회 시도 중 최소 8회 이상 할 수 있다.

3. 목표행동

발끝으로 걷는다.

◎ 목표행동 성취의 중요성

발끝으로 걷는 것은 근육의 조절과 균형을 잡고 서는 능력을 향상시킨다.

◎ 자료

과자, 실, 봉, 신나는 음악

◎ 목표행동 성취를 위한 단계적 지도과정

step 1 과자가 걸린 봉의 양 끝을 주양육자 두 명이 잡은 뒤 영아의 키에 따라 과자의 위치를 조정할 수 있도록 준비한다.

step 2 주양육자는 과자 위치까지 뛰어가 과자를 입으로 따 먹는 모습을 먼저 시범 보인다.

step 3 주양육자는 영아에게 시작을 알리며 과자 위치까지 달려가도록 지시한다.

step 4 주양육자는 영아가 발끝으로 서서 과자를 따 먹을 수 있는 높이 정도로 봉을 조절한다.

step 5 주양육자는 영아가 과자를 먹을 때 봉을 뒤로 조금씩 움직여 발끝으로 영아가 걷도록 유도한다.

◎ 일상생활에서의 지도과정

신나는 음악에 맞춰 바닥에 발자국 모양을 붙여 놓고 영아가 발끝으로 걷는 연습을 하게 한다.

◎ 고려사항

뇌성마비 영아의 경우는 까치발로 걷는 일이 오히려 쉬울 수 있다. 그러므로 까치발보다는 발을 평평하게 하여 걷도록 지도한다.

시각장애 영아의 경우는 주양육자가 영아와 마주 선 후 영아의 두 손을 잡아 발끝으로 설 수 있을 정도로 손을 올려 준 후 걷기를 지도한다. 시각장애 영아는 막대에 과자와 소리 나는 방울을 달아 영아가 방울 소리를 듣고 발끝으로 서서 과자를 따 먹는 연습을 하게 하고, 과자가 달린 막대 위치를 조금씩 이동시켜 발끝으로 선 상태에서 걸어 과자를 획득하게 함으로써 발끝으로 걷는 연습을 유도한다.

◎ 목표행동 성취기준

영아는 발끝으로 3~5걸음 앞으로 걸어가는 행동을 10회 시도 중 최소 8회 이상 할 수 있다.

4. 목표행동

도움 없이 발을 바꾸어 가면서 계단을 오른다.

◎ 목표행동 성취의 중요성

계단 오르기는 발을 교대로 이동함으로써 근육 조절 능력과 균형 잡기 등을 발달시킨다.

◎ 자료

계단, 빨간색 줄과 천, 초록색 줄과 천, 교차되는 발바닥 그림

◎ 목표행동 성취를 위한 단계적 지도과정

- **step 1** 주양육자는 영아의 신발 중 한 짝에는 빨간 줄을 달고 다른 한 짝에는 초록색 줄을 단다.
- **step 2** 주양육자는 계단에 빨간색 천과 초록색 천을 번갈아 깔아 놓는다.
- **step 3** 주양육자는 영아에게 신발에 빨간 줄이 있는 쪽 발을 빨간색 천이 있는 계단에, 초록색 줄이 있는 쪽 발을 초록색 천이 있는 계단에 올려놓으라고 지시한다.
- **step 4** 영아가 색 구분을 어려워하면 주양육자는 신발에 빨간 줄이 있는 쪽 발을 손으로 지적한 후 빨간색 천이 깔린 바닥을 가리키며 밟으라고 지시한다.
- **step 5** 마찬가지로 초록색 줄과 계단도 손으로 지적하며 연습하게 한다.

◎ 일상생활에서의 지도과정

영아에게 "○○야, 우리 계단을 올라가 보자."라고 말한다. 한 계단에 한 발씩 올려놓는 시범을 보여 주면서 필요하다면 '하나, 둘' 구호도 붙여 주어 발을 번갈

아서 걷도록 지도한다. 영아에게 도움이 필요한 경우에는 영아가 들어 올려야 할 발을 손으로 살짝 건드려 주거나 영아의 손을 잡아 준다.

계단에 교차되는 발바닥 그림 자료를 붙여 주고 영아와 함께 발바닥 그림 자료처럼 발을 교차하여 계단 오르내리기를 연습한다.

◎ 고려사항

이 활동이 가능한 뇌성마비 영아의 경우는 경도 장애이므로 더 많은 연습을 해서 계단 오르는 것을 숙달시킨다.

시각장애 영아의 경우는 색을 구별하는 데 어려움을 가지므로 '하나, 둘' 구호로 발을 바꾸어 가며 계단을 오르도록 지도한다. 또한 계단을 오르내릴 때 계단이 몇 개인지 미리 알려 주어 영아가 남아 있는 계단 수와 발걸음 수를 예측하며 오르내리도록 해 준다.

◎ 목표행동 성취기준

영아는 도움 없이 발을 바꾸어 가면서 계단을 오르는 행동을 하루 일과 중 최소 5회 이상 할 수 있다.

5. 목표행동

손을 머리 위까지 들어 공을 던진다.

◎ 목표행동 성취의 중요성

공 던지기는 근력, 손과 눈의 협응, 팔 뻗기, 역동적 균형, 공간 개념 알기 등 다양한 기능을 포함하는 활동이다.

자료

지름 20cm 공(탱탱볼), 실내농구대

목표행동 성취를 위한 단계적 지도과정

step 1 주양육자는 영아에게 농구놀이를 제안하며, 농구대를 영아의 키 높이에 맞게 조정한다.

step 2 주양육자는 영아에게 시범을 보이는데 "손을 위로 올려서"라는 말을 강조해서 공을 던진다.

step 3 영아가 잘 던지지 못하면 주양육자는 영아가 공을 잡고 있는 동안 뒤에서 팔을 잡아 주어 머리 위까지 들어 공을 던지는 동작을 함께 해준다.

step 4 주양육자는 영아가 스스로 공을 던져 농구골대 안에 넣게 한다.

step 5 주양육자는 영아의 공 던지기가 익숙해지면 농구대와 영아의 거리를 조금씩 멀게 하여 던지게 한다.

step 6 영아가 소집단으로 또래끼리 팀을 만들어 농구놀이를 하게 한다.

일상생활에서의 지도과정

영아가 벽에 있는 포스터 같은 목표물을 보고서 던지게 한다. 던지는 거리를 늘리려면 영아와 목표물의 거리를 점점 멀게 한다.

고려사항

뇌성마비 영아의 경우는 두 손을 높이 머리 위까지 올리는 일이 어려울 수 있으므로 영아의 양쪽에서 팔꿈치 위를 잡아 주어 머리 위까지 올리도록 연습시킨다.

시각장애 영아의 경우는 색이 밝거나 소리가 나는 공을 사용하여 공놀이를 가르칠 수 있다. 이들 영아에게 기본적인 공 던지기와 공 잡는 기술을 가르치기 위해서는 더 많은 신체 도움을 주어야 한다. 또한 시각장애 영아에게 주양육자가 공 던지기 시범을 보일 때, 영아가 주양육자의 몸을 만지게 하여 정확한 자세와 움직임을 알 수 있게 해 준다. 그다음 주양육자가 영아와 함께 공을 잡고 "손을 위로 올려서"를 강조하여 말하며 공을 잡을 영아의 손을 위로 올리고 손목의 힘이나 팔 전체를 이용하여 공을 던질 수 있도록 도움을 준다.

◎ 목표행동 성취기준

영아는 손을 머리 위까지 들어 공을 던지는 행동을 10회 시도 중 최소 8회 이상 할 수 있다.

6. 목표행동

사다리, 정글짐을 기어오른다.

◎ 목표행동 성취의 중요성

정글짐 등의 다양한 놀이기구를 이용한 기어오르기는 대근육운동 기술을 발달시키며, 이는 특히 흥미와 재미를 함께 느끼게 함으로써 영아에게 다양한 경험을 제공한다. 만약 영아의 다리가 약하다면 다리를 구부리거나 밀면서 힘을 증진시키는 데 도움이 된다.

◎ 자료

낮은 정글짐의 한 부분에 부착되어 있는 1~1.8m 높이의 사다리

◎ 목표행동 성취를 위한 단계적 지도과정

step 1 주양육자는 먼저 정글짐에서 트램폴린 같은 영아가 좋아하는 놀이를 함께 한다.

step 2 영아가 놀이에 흥미를 가지면 주양육자는 "저기 올라가 볼까?" 하고 영아가 사다리를 올라가도록 유도한다.

step 3 주양육자는 영아가 양손으로 사다리를 잡고 있는지 확인한 다음 사다리의 가로 발판 위에 영아의 발이 확실하게 올려져 있는지 확인한다.

step 4 영아에게 "저 위에 뭐가 있을까?"라고 말한 후 올라가도록 지시한다.

step 5 주양육자가 먼저 사다리 위에 올라간 다음 영아에게 손을 내밀어 영아가 올라오도록 지도하는 방법도 있다.

◎ 일상생활에서의 지도과정

영아가 기어오르는 것에 대한 기본 원리를 터득하게 되면, 이 활동이 익숙해지도록 사다리를 올라갔다가 뛰어내리는 활동을 번갈아 가며 지도한다.

◎ 고려사항

정글짐은 영아가 흥미를 가지고 집중을 하며 놀이를 하는 곳이다. 그동안 연습하기 어려웠던 대근육 지도과정을 쉽게 적용하여 연습할 수도 있다. 하지만 놀이기구는 어느 상황에서나 주양육자가 부주의하면 사고가 나기 쉬우므로 영아의 안전에 각별히 유의한다.

불수의적인 움직임이나 경직성이 있는 뇌성마비 영아의 경우는 사다리나 정글짐을 오르는 데 어려움을 가진다. 사다리나 정글짐을 오르기 위해서는 대근육과 소근육의 협응이 필요하므로 소근육 연습을 병행하고, 또 성공적인 교육을 위해 가정과 협력하도록 한다.

시각장애 영아의 경우는 영아가 사다리를 만져 보도록 배려하고, 사다리를 오르려면 어떻게 해야 할지 미리 이야기를 나누어 본다. 그다음 주양육자가 영아의 손과 발을 잡아 영아가 두 손을 머리 높이로 뻗어 사다리의 봉을 잡고, 한 발을 사다리 위에 올리고 그다음 발을 같은 칸에 올리도록 지시한다. 그 이후 한 손씩 윗칸으로 이동하여 봉을 잡고, 발도 한 발씩 윗칸으로 옮겨 딛도록 해서 사다리를 기어오르는 연습을 지도한다. 사다리를 기어오르는 것은 위험하므로 연습 시에는 안전에 유의하도록 한다.

◎ 목표행동 성취기준

영아는 정글짐의 기울어진 사다리를 올라가는 행동을 일주일에 최소 5회 이상 할 수 있다.

memo

memo

저자 소개

서소정

이화여자대학교 가정관리학과 학사(B.A.)
미국 미시간 주립대학교 학사(영유아보육행정 B.S.)
미국 미시간 주립대학교 대학원 석사(아동발달 M.A.)
미국 미시간 주립대학교 대학원 박사(영유아보육 Ph.D.)
현 경희대학교 아동가족학과 부교수 및 교육대학원 유아교육전공 주임교수

장혜성

이화여자대학교 특수교육학과 학사(B.A.)
이화여자대학교 대학원 특수교육학 석사(M.A.)
미국 펜실베이니아 주립대학교 대학원 특수교육학 석사(M.S.)
이화여자대학교 대학원 특수교육학 박사(Ph.D.)
현 가톨릭대학교 특수교육과 부교수

하지영

이화여자대학교 소비자인간발달학과 학사(B.A.)
이화여자대학교 대학원 아동학 석사(M.A.)
경희대학교 대학원 박사과정 수료(아동학전공)
전 이화여자대학교 인간생활환경연구소 전임연구원 및 구립 청담어린이집 교사
현 경희대학교 아동가족학과 강사

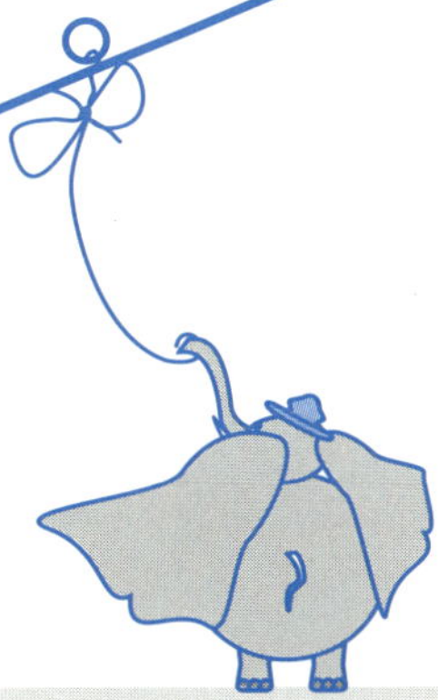

0~36개월

DEP 조기중재 교육과정 ② 대근육 운동기술

2010년 6월 25일 1판 1쇄 인쇄
2010년 6월 30일 1판 1쇄 발행

지은이 • 서소정 · 장혜성 · 하지영
펴낸이 • 김진환
펴낸곳 • (주) 학지사
121-837 서울시 마포구 서교동 352-29 마인드월드빌딩 5층
대표전화 • 02-330-5114 팩스 • 02-324-2345
등록번호 • 제313-2006-000265호

홈페이지 • http://www.hakjisa.co.kr
커뮤니티 • http://cafe.naver.com/hakjisa

ISBN 978-89-6330-424-3 94370
978-89-6330-422-9 94370 (set)

정가 13,000원